LE PEUPLE

ET LA

PLACE PUBLIQUE

HISTORIQUE DU DROIT DE RÉUNION

PAR

ÉMILE FAURE

ET

FONTAINE (DE RAMBOUILLET)

PARIS

DÉCEMBRE-ALONNIER, LIBRAIRE-ÉDITEUR

20, RUE SUGER, 20

PRÈS LA PLACE SAINT-ANDRÉ-DES ARTS

1869

LE PEUPLE

ET LA

PLACE PUBLIQUE

PARIS. — IMPR. PAUL DUPONT
Rue Jean-Jacques-Rousseau, 41 (Hôtel des Fermes).

LE PEUPLE
ET LA
PLACE PUBLIQUE

HISTORIQUE DU DROIT DE RÉUNION

PAR

ÉMILE FAURE

ET

FONTAINE (DE RAMBOUILLET)

PARIS

DÉCEMBRE-ALONNIER, LIBRAIRE-ÉDITEUR

20, RUE SUGER, 20

PRÈS LA PLACE SAINT-ANDRÉ-DES-ARTS

1869

INTRODUCTION

L'homme est un être essentiellement sociable, c'est par la force de ses instincts de sociabilité que les agglomérations humaines se sont formées ; dès lors ne serait-il pas souverainement injuste, illogique et ridicule que les sociétés, méconnaissant leur principe et leur fin, voulussent interdire à leurs membres l'exercice d'un droit, la satisfaction d'un besoin, en vertu desquels elles existent?

« Les citoyens d'un même État, dit Jean-Jacques Rousseau, les habitants d'une même ville ne sont point des anachorètes, ils ne sauraient vivre toujours seuls et séparés ; quand ils le pourraient, il ne faudrait pas les y contraindre. »

Non, il ne faudrait pas les y contraindre, parce qu'au bout d'un certain temps, cette contrainte serait l'anéantissement de cet État, de cette cité. Et le même penseur ajoute : « Il n'y a que le plus farouche despotisme qui s'alarme à la vue de sept ou huit hommes assemblés, craignant toujours que leurs entretiens ne roulent sur leurs misères. »

Voilà donc le motif qui porte le despotisme à supprimer le droit qu'ont les citoyens de se réunir. Mais il se garde bien de le dire. Et, comme il ne saurait justifier rationnellement son attentat, il use de sophisme, il établit des distinctions, il *subtilise*, il s'efforce, en un mot, par toutes les ressources d'une fausse logique, d'égarer l'opinion. — Tout principe, dit-il, renferme du bien et du mal; on peut abuser de tout. Et, partant de pareilles données, il ne trouve plus rien qui l'arrête. Qu'est-ce qui pourrait, en effet, le retenir? Du moment qu'on peut abuser de tout, n'est-il pas en droit de tout supprimer? Que parlez-vous de droit et de justice? Ne peut-on pas abuser de l'un et de l'autre? Donc, il faut supprimer le droit et la justice.

On va loin avec de telles théories : on détruit à la fois les gouvernements et les nations : — les gouvernements, en les rendant intolérables; — les nations, en les avilissant.

La vérité est qu'il n'y a pas à considérer, quand

une chose est juste et bonne en elle-même, s'il est possible ou non d'en abuser. Tout ce qu'il y a à faire, c'est de punir les abus.

Or, l'homme est né libre, libre de penser. Que serait cette liberté s'il n'avait celle d'exprimer ce qu'il pense ?

« Quel est ton sort, dis moi ? — *D'être homme et de parler !* » dit le pauvre hère.

Mais il ne suffit pas à l'homme de pouvoir penser et de pouvoir parler. La nature ne crée pas de fonctions inutiles ; il faut encore qu'il puisse transmettre sa parole. A moins qu'on ne lui suppose du plaisir à articuler, seul, de vains mots : ne faut-il pas devant lui d'autres êtres, ses semblables, dont il puisse se faire écouter et comprendre? Peu importe que cette transmission de la pensée s'opère par l'écriture ou par la parole ; ces deux moyens sont également dans le droit de l'être humain, et il lui est facultatif d'user de celui qui lui convient davantage. Du droit d'exprimer la pensée par l'écriture, procède la liberté de la presse ; du droit de l'exprimer par la parole, procède le droit de réunion, droits aussi inhérents à la nature humaine que la pensée elle-même.

Disons avec Voltaire :

« En général, il est de droit naturel de se servir

de sa plume comme de sa langue, à ses risques et périls. »

Et avec l'article 11 de la Déclaration des droits de l'homme, de septembre 1791 :

« La libre communication des opinions et des pensées est un des droits les plus précieux de l'homme. Tout citoyen peut donc parler, écrire, imprimer librement, sauf à répondre de l'abus de cette liberté dans les cas déterminés par la loi. »

L'homme libre a donc le droit d'écrire et de parler.

La société va-t-elle être mise en danger par cela? S'il en était ainsi, ce n'est pas d'hommes que devrait être composée la société, mais de cadavres! et nos villes si animées, si pleines de bruit, n'auraient qu'à emprunter au plus tôt, pour leur conservation, le morne aspect et le silence lugubre des nécropoles!

Pourquoi avoir peur de la vie, quand la mort seule est redoutable? Le mouvement, l'activité, prouvent la vie. A partir du jour où un peuple n'a plus d'activité, ce peuple est mort, ou tellement bâillonné et garrotté que la mort doit lui paraître mille fois préférable à une pareille existence. Écoutez, là-dessus, un joli dialogue, de Voltaire, entre l'Anglais Bolmind et le Portugais Medroso :

« *Bolmind.* — Il ne tient qu'à vous d'apprendre à penser; vous êtes né avec de l'esprit; vous êtes un oiseau dans la cage de l'Inquisition : le Saint-Office vous a rogné les ailes, mais elles peuvent revenir. Celui qui ne sait pas la géométrie peut l'apprendre; tout homme peut s'instruire; il est honteux de mettre son âme entre les mains de ceux à qui vous ne confieriez pas votre argent. Osez penser par vous-même.

« *Medroso.* — On dit que si tout le monde pensait par soi-même, ce serait une étrange confusion?

« *Bolmind.* — C'est tout le contraire. Quand on assiste à un spectacle, chacun en dit librement son avis, et la paix n'est point troublée; mais si quelqu'un, protecteur insolent d'un mauvais poëte, voulait forcer tous les gens de goût à trouver bon ce qui leur paraît mauvais, alors, tous les sifflets se feraient entendre, et les deux partis pourraient se jeter des pommes à la tête, comme il arriva une fois à Londres. Ce sont ces tyrans des esprits qui ont causé une partie des malheurs du monde. Nous ne sommes heureux en Angleterre que depuis que chacun jouit librement du droit de dire son avis.

« *Medroso.* — Nous sommes aussi fort tranquilles à Lisbonne, où personne ne peut dire le sien.

« *Bolmind.* — Vous êtes tranquilles, mais vous n'êtes pas heureux ; c'est là tranquillité des galériens qui rament en cadence et *en silence.* »

Penser, c'est exister.

Exprimer sa pensée, c'est *vivre.*

Tout est là.

La liberté d'exprimer sa pensée, c'est le levier réclamé par Archimède pour remuer le monde.

Et quel est le mode le plus naturel, le plus rapide, le plus simple d'exprimer la pensée, si ce n'est la parole?

Pour agir seul, l'homme n'a besoin que de la pensée.

Mais, pour agir en commun, il lui faut la parole.

La parole est, après la pensée, la manifestation la plus immédiate de l'activité humaine, cet élément nécessaire du progrès, sans lequel les hommes ne seraient que des castors.

Nous ferons voir plus loin, en parcourant l'histoire du droit de réunion, que là où la parole publique s'est éteinte, la nationalité n'a pas tardé de s'anéantir.

Mais, nous objectera-t-on, si vous éprouvez

un si violent besoin de communiquer aux autres votre pensée, que ne le faites-vous par le moyen de la presse? On comprend qu'aux époques où l'imprimerie n'était point inventée, les hommes eussent besoin de se réunir pour échanger leurs idées et leurs opinions; aujourd'hui, avec les facilités du journal et du livre, mis à la portée du plus grand nombre par la typographie, avec la liberté d'écrire telle que vous la possédez, il est au moins inutile, sinon dangereux, d'appliquer le droit de réunion?

L'objection n'est pas sérieuse.

Il est trop facile de voir que la typographie, malgré ses progrès, n'est point à la portée de tout le monde. Et puis, elle n'est encore qu'un moyen indirect de communiquer sa pensée. Ensuite l'influence de la pensée écrite est bien moindre que celle de la pensée parlée. Les paroles volent, c'est vrai, mais elles frappent pour ainsi dire à brûle-pourpoint l'esprit de l'auditeur et y pénètrent plus aisément. Et comme, en somme, le but de celui qui exprime ses opinions est d'arriver de la manière la plus sûre à persuader ceux à qui il s'adresse, la parole doit lui paraître toujours préférable. Combien n'est-on pas plus persuasif en s'exprimant de vive voix que par lettres!

Croyez-vous qu'un avocat, en cour d'assises, obtiendrait le même effet en faisant distribuer aux membres du jury, la défense de son client, que s'il plaidait à la barre? Et, en ce qui concerne les orateurs de nos assemblées parlementaires, quelle différence entre lire leurs discours au *Journal officiel* ou les entendre à la tribune? Le geste, l'organe, les intonations, le regard, le jeu de la physionomie, tout cela constitue la vie du discours, — le verbe fait chair, — l'écriture n'en donne que le spectre!

Enfin il est encore une autre raison pour laquelle la parole doit être préférée à l'écriture, et que M. Eugène Pelletan formulait en ces termes dans une des réunions récentes de la salle du Prince-Impérial :

« La société est une grande école mutuelle... Ah ! chacun de nous, sans doute, peut s'instruire dans sa maison, chacun de nous peut entrer dans cette conversation intime des vivants avec les morts qu'on appelle la lecture; mais ce que la lecture, ne peut donner, c'est l'émotion en commun, le sentiment en commun... »

Oui, la pensée que l'orateur jette au milieu des foules acquiert par la simultanéité et la communauté des impressions une force qui augmente en proportion du nombre des individus...

C'est le rayon de soleil qui tombe dans un foyer de chaleur; c'est l'étincelle qui met le feu à une traînée de poudre; c'est le flot lointain, fouetté par la brise, et dont l'émotion se transmet presque instantanément jusqu'au rivage.

C'est là précisément ce qui constitue la principale efficacité des réunions publiques, dont l'âme est la parole.

C'est aussi là ce qui constitue leur côté redoutable aux yeux des gouvernements.

Mais alors, tant pis pour les gouvernements! Du jour où ils en sont arrivés à craindre l'opinion publique, c'est que leurs voies sont iniques.

Nous n'entrerons pas plus avant dans l'explication des principes élémentaires du droit de réunion.

Il était nécessaire de les affirmer, parce que notre époque est trop portée à les oublier.

Mais la loi de 1868, nous dira-t-on encore n'a-t-elle pas rétabli le droit de réunion et affirmé dès lors tous ces principes que vous prenez bien inutilement la peine de consacrer puisqu'ils sont entrés dans le domaine des faits?

Nous répondrons : Cet exposé de principes était d'autant plus nécessaire en présence de la loi de 1868. *Timeo Danaos*..... Cette loi est un don du prince et s'en ressent. Elle paraît consacrer les principes pour mieux les esquiver.

Les promesses du 19 janvier furent sans doute sincères, mais entre le prince et nous il y a bien des intermédiaires. — Le don du prince a été gâté dans le trajet.

Et ceci nous rappelle un souvenir historique qui vaut d'être raconté : Un jour Trajan voulut donner la liberté au peuple. Il s'en expliqua devant un choix de sénateurs (ce fut la lettre du 19 janvier de Trajan), ses conseillers s'en émurent et lui tinrent à peu près ce langage : — « O sublime empereur ! pourquoi vous défier de votre génie si visiblement inspiré par les Dieux ? Vous n'avez jamais commis une seule faute, et nous sommes tous inondés de votre gloire. Quelle liberté voulez-vous nous donner, ô divin empereur ? Celle de vous contredire ?... Qui donc l'oserait sans craindre d'être dévoué aux dieux infernaux ? Nous avons la liberté de vous obéir et de vous admirer, et c'est assez pour notre grandeur, qui ne peut être qu'un reflet de la vôtre. Maître, ne nous induisez pas dans le mal ; ayez pitié de nous, pauvres êtres fragiles et sujets à l'erreur, et laissez-nous nous identifier et nous confondre avec délices dans votre immense et lumineuse personnalité. »

Ainsi s'exprimèrent *Asinius Afer*, *Cornificius Verus*, *Gemitius Florus*, *Statilius Taurus*, *Nasica Prudens*, *Aufidius Longus*, *Coruncanius*, *Quintus Nebulo*, *Bibulus*, etc., etc...

Trajan se le tint pour dit. Napoléon III au contraire voulut faire honneur à sa signature et nous donner le droit de parler et le droit d'écrire; mais, pour venir à nous, les lois sur la presse et sur le droit de réunion passèrent par bien des mains et n'arrivèrent que déplorablement mutilées.

En un mot, la loi sur le droit de réunion, que nous examinerons en son lieu, a sans le vouloir peut-être éludé les principes; il était donc urgent d'y revenir et de les affirmer.

Ceci posé, nous allons étudier, sans autres préliminaires, l'exercice du droit de réunion chez les anciens et chez nous, en nous efforçant de faire ressortir le mieux que nous pourrons les effets opposés qu'ont tour à tour produits la pratique et la suppression de ce droit.

LE PEUPLE

ET LA

PLACE PUBLIQUE

I

L'AGORA

Le peuple d'Athènes, aux beaux jours de cette république, se divisait en dix tribus, ayant chacune le droit d'élire cinquante députés destinés à former le sénat, qui était composé de cinq cents membres.

Ce sénat était lui-même divisé en dix classes, dont chacune aussi, sous le nom de *prytanie*, avait la suprématie, ou la direction des affaires pendant un mois.

Enfin, cette *prytanie* se subdivisait encore en cinq décuries, composées de dix proèdres ou présidents, dont les sept premiers avaient délégation de la part du sénat pour exercer tour à tour, pendant sept jours, le gouvernement.

Cette mobilité du pouvoir avait pour objet à la fois

de garantir l'égalité des citoyens et la sûreté de l'État ; car s'il n'était point d'Athénien qui ne pût devenir membre et chef du premier corps de la nation, il n'y en avait pas non plus, au moyen d'une telle organisation, qui pût, par intrigues ou par mérite, abuser d'une autorité aussi essentiellement éphémère.

Le sénat se renouvelait tous les ans.

On voit tout de suite que l'esprit qui avait présidé à la constitution du gouvernement athénien en général, et à celle du sénat en particulier, était fort opposé à celui dont se sont inspirés certains législateurs modernes chez des peuples qui se piquent d'avoir hérité du caractère des Athéniens.

Mais, peu satisfait de telles garanties, le peuple d'Athènes avait voulu exercer personnellement le contrôle de ses affaires, et se réunissait, certains jours, à cet effet.

Ces assemblées populaires étaient de deux espèces : les unes ordinaires, les autres extraordinaires.

Les premières avaient lieu tous les mois, quatre fois, à dix ou onze jours d'intervalle, excepté la dernière, qui n'était séparée de la précédente que de quarante-huit à soixante-dix heures.

« Dans la première, « dit l'auteur du *Voyage du jeune Anacharsis en Grèce,* » *on confirme ou on destitue les magistrats qui viennent d'entrer en place ;* on s'occupe des garnisons et des places qui font la sûreté de l'État, ainsi que de certaines dénonciations publiques ; et l'on finit par publier les confiscations des biens ordonnées par les tribunaux. — Dans la deuxième, *tout citoyen* qui a déposé sur l'autel un rameau d'olivier entouré des bandelettes sacrées, *peut s'expliquer avec liberté sur les objets relatifs à l'administration et au gouvernement.* — La troisième est destinée à recevoir les hérauts et les ambassadeurs, qui ont *auparavant* rendu compte de leur mission, ou présenté leurs lettres de créance au sénat. — La quatrième, enfin, roule sur les matières de religion, telles que les fêtes, les sacrifices, etc. »

Comme on le voit, les Athéniens ne poussaient pas jusqu'au fanatisme le respect de l'*autorité*, du *magistrat ;* et, en ce qui concerne ce que nous appelons les *interpellations* au pouvoir, ils n'avaient pas besoin de l'autorisation que nos députés sont obligés aujourd'hui d'obtenir de la majorité des bureaux du Corpslégislatif.

Rendons la parole à l'abbé Barthélemy :

« Comme l'objet de ces assemblées, ajoute-t-il, est connu, et n'offre souvent rien de bien intéressant, il fallait, il n'y a pas longtemps, y traîner le peuple avec violence, ou le forcer, par des amendes, à s'y trouver. Mais il est plus assidu depuis qu'on a pris le parti d'accorder un droit de présence de trois oboles (environ neuf sous). Et, comme on ne décerne aucune peine contre ceux qui se dispensent d'y venir, il arrive que les pauvres y sont en plus grand nombre que les riches ; ce qui entre mieux dans l'esprit des démocraties actuelles. »

Il ne faudrait pas voir dans ces *trois oboles*, un fait de corruption électorale de la part du gouvernement athénien, mais au contraire l'effet d'une mesure éminemment démocratique. On avait compris qu'il ne fallait pas que le pauvre fît le sacrifice de son travail pour remplir ses devoirs de citoyen, et l'indemnité qu'on lui accordait n'était qu'une compensation légère du temps qu'il perdait à la direction des affaires publiques. Nous avons d'ailleurs conservé dans certaines limites ces traditions, puisque nos députés et nos sénateurs reçoivent eux aussi, pour le même objet, une indemnité ; il est seulement regrettable qu'on n'ait pas songé à étendre cette mesure salutaire aux électeurs, pour le dérangement que leur cause l'ouverture du scrutin; il y aurait peut-être moins d'abstentionnistes, et par ainsi, l'autorité de nos mandataires deviendrait plus imposante. Ce qui, en dépit des thuriféraires du pouvoir exécutif, n'est jamais un mal.

Voilà pour les assemblées ordinaires.

Il est clair, déjà, que des citoyens qui avaient le droit de se réunir publiquement et régulièrement quatre fois par mois pour discuter les affaires de l'administration et de la politique, jouissaient, au point de vue de la libre expression de la pensée, d'avantages assez considérables; mais la libéralité de la constitution athénienne ne se bornait point là.

Il y avait encore, avons-nous dit, des assemblées extraordinaires pour le peuple.

Ces assemblées avaient lieu chaque fois qu'une question politique de quelque importance venait à surgir. Elles étaient présidées par les chefs du sénat, et la garde de la ville avait mission d'y maintenir l'ordre.

Elles avaient lieu au théâtre de Bacchus, ou sur la place du marché public (*Agora*), ou bien, enfin, dans une vaste enceinte avoisinant l'Acropole, et qu'on appelait le *Pnyx*.

Les femmes en étaient exclues, mais tous les citoyens y étaient admis, à moins qu'ils ne fussent notés d'infamie ou qu'ils n'eussent pas atteint l'âge de vingt ans.

Il ne fallait pas moins de six mille suffrages pour que les résolutions prises dans ces assemblées eussent force de loi.

Voici comment on procédait :

De bon matin le peuple envahissait le lieu de l'assemblée, où les prytanes en fonction avaient déjà pris place. Tout le monde s'asseyait ; l'enceinte était purifiée par le sang des victimes, puis un héraut se levait et formulait des vœux au ciel pour la prospérité de la nation, non sans y mêler les plus formidables imprécations contre les orateurs qui se seraient laissé corrompre et tenteraient de tromper le peuple. Ces formalités remplies, ou donnait lecture du sujet de la délibération, puis le héraut criait : — « Que les citoyens qui peuvent donner un avis utile à la patrie montent à la tribune ! »

Les citoyens montaient alors tour à tour à la tribune pour y dire ce que l'amour de la patrie leur dictait, suivant les circonstances.

Naturellement, on les écoutait avec plus ou moins de patience, et les plus habiles, les orateurs de profession, par exemple, s'emparaient plus facilement de l'attention ; mais il n'était pas d'opinion qui ne pût s'y faire jour, sauf à tomber sous le ridicule ou à être exaltée par les applaudissements.

Que pouvait-on exiger de plus ?

La question une fois bien discutée, parfaitement éclaircie, les proèdres ou présidents du sénat déclaraient la discussion terminée et demandaient que l'on procédât au vote, qui avait lieu soit au moyen de bulletins, soit par la main levée. On vérifiait les suffrages, on relisait une dernière fois le projet de décret, et s'il n'y avait pas de réclamation, la clôture était prononcée.

Certes, tout cela ne se faisait pas sans quelque tumulte : il y avait bien par ci par là un peu de désordre, de confusion, des cris, des discussions vives, des disputes, des rixes même, et ce n'était pas toujours au milieu du plus profond silence que l'orateur parvenait à se faire entendre : ce n'est pas pour rien que Démosthènes s'en allait, pendant sa jeunesse, prononcer des harangues sur les bords de la mer, en s'efforçant de dominer de la voix le fracas des flots se brisant aux rochers du rivage ; — mais c'était là de minces inconvénients auxquels la souveraineté populaire constamment tenue en éveil paraissait une compensation plus que suffisante. Bien des gens, aujourd'hui, auront de la peine à comprendre cela ; nous trouvons, quant à nous, que rien n'est plus concevable.

Que d'incidents de toute sorte, dramatiques, bizarres, ridicules, émouvants devaient marquer le cours de ces immenses réunions ! Un jour, c'était un petit oiseau qui s'échappait du sein du jeune Alcibiade, qui voletait à travers l'assemblée et que tous les assistants s'efforçaient, à l'envi, d'arrêter : quels éclats de rire et quel émois ! Un autre jour, c'était un petit homme grotesque dans toute sa personne, étrange, laid, dont la présence à la tribune excitait une homérique hilarité chez ce peuple si amoureux des belles formes ; mais le petit homme — c'était Léon, ambassadeur de Byzance — ne se laisse point intimider : il lutte énergiquement contre les clameurs et les rires, et finissant par pouvoir un instant se faire entendre, il s'écrie : « Et que feriez-vous donc si vous voyiez ma femme ? Elle vient à peine à mes genoux : cependant, tout petits que nous sommes, quand la division se met entre nous, la ville de Byzance n'est plus assez grande pour nous contenir. » Et les Athéniens, d'applaudir la saillie, d'écouter l'orateur, et de lui accorder sur-le-champ les secours qu'il était venu demander.

Mais ce n'était pas tout : le peuple avait en outre d'autres assemblées, moins solennelles, mais quotidiennes, où venait qui voulait, où présidait le premier venu, et dans lesquelles les orateurs de tout genre discutaient la question du jour et préparaient ainsi la foule à la délibération de la prochaine assemblée extraordinaire.

Pour ce qui est de l'emplacement de l'Agora, où avaient le plus souvent lieu les assemblées, voici ce que nous en dit M. George Perrot dans son travail sur *le Droit public à Athènes :*

« Les assemblées paraissent s'être tenues, d'abord, à Athènes, dans l'endroit qui garda toujours le nom homérique d'*Agora*, dans la vallée qui se creuse à l'ouest de la citadelle, dans l'espace que laissent entre elles, les collines du Musée, de l'Acropole, de l'Aréopage et du Pnyx. — Centre primitif de la cité naissante, cette vaste place fut ornée d'arbres par Cimon, le vainqueur des Perses ; il y planta ces nobles platanes, et peut-être ces gracieux peupliers aux larges feuilles qu'aimaient à chanter les poëtes attiques. Peu à peu cette place s'entoura de nombreux édifices : c'était là que s'ouvraient au public le palais du sénat et la plupart des tribunaux ; c'était là que se trouvaient réunis les objets de toute sorte nécessaires à la vie ; c'était là que la foule se pressait devant les comptoirs des changeurs et les échoppes des barbiers. L'Agora resta pour Athènes ce qu'était le *Forum* pour la Ville aux sept collines, le rendez-vous général, l'endroit où l'on se trouvait sans cesse ramené par la curiosité, par la politique, par les affaires ; ce fut toujours le cœur même de la cité. »

Le peuple se réunissait là pour venir entendre les Eschine, les Hypéride, les Thémistocle, les Démosthènes, qui, par l'influence de leur parole, le dominaient et l'amenaient toujours à leur avis.

« On sait par plus d'une anecdote, dit M. Perrot déjà cité, combien le peuple athénien avait l'oreille fine et délicate ; il ne montait pas seulement à l'Agora pour exercer son droit d'initiative et de contrôle, pour travailler au bien de l'État, mais aussi pour se donner une satisfaction d'esprit et une jouissance littéraire, pour trouver là ce vif et indéfinissable plaisir que l'on éprouve à entendre bien parler une langue souple, riche, harmonieuse et cadencée. Tel artisan qui n'avait jamais pris la parole dans le sénat, ni dans l'assemblée, était un amateur passionné du beau langage, un sévère et pointilleux critique. »

Nous croyons avoir donné une idée suffisante de l'Agora et de la manière dont le peuple d'Athènes y usait de son droit de réunion. Aussi, ce peuple d'Athènes, qui personnifiait le peuple grec, a-t-il été, par le cœur et par l'esprit, le plus grand qui ait existé au monde. Sa civilisation a traversé et dompté toutes les barbaries pour arriver jusqu'à nous, et c'est elle encore qui nous domine par tous les côtés où nous pouvons la comprendre. C'est elle qui a peuplé nos musées et nos jardins publics d'un monde de statues et qui a formé la base de nos bibliothèques; c'est elle aussi qui nous fournit les modèles de nos plus beaux édifices; il n'y a pas jusqu'aux formes de sa religion qu'elle n'ait fait passer dans la nôtre. L'éclat de ses grands hommes, dans toutes les branches de l'activité humaine, philosophes, guerriers, statuaires, peintres, poëtes, historiens, architectes, musiciens, artistes de toute sorte, a pu être quelquefois égalé dans les civilisations subséquentes, mais il n'a jamais été surpassé. Les Epaminondas, les Léonidas, les Thémistocle, les Socrate, les Platon, les Lycurgue, les Eschyle, les Euripide, les Sophocle, les Aristophane, les Pindare, les Anacréon, les Homère, les Hérodote, les Thucydide, les Xénophon, les Pythagore, les Thalès, les Phocion, les Zeuxis, les Périclès, les Démosthènes, les Phidias, les Myron, les Thrasybule, etc., sont des noms d'une gloire éternelle et qui réveilleront à jamais dans l'esprit des hommes le souvenir d'une grandeur incomparable.

Or, remarquez que ces génies extraordinaires ne se sont développés que sous les ailes fécondes de la liberté, aux accents de la parole publique, à l'abri du droit de réunion.

« Chez les Athéniens, dit Fénelon, *tout dépendait du peuple, et le peuple dépendait de la parole.* »

Athènes était en effet vraiment la cité de la parole, et non de la force, car là, suivant la belle expression d'Euripide, dans *Hécube* : *Persuasion était l'unique souveraine légitime des hommes.*

Vint un jour où le droit succomba sous la force : les phalanges macédoniennes étouffèrent la liberté : du même coup s'évanouit le génie de la Grèce.

L'Agora avait fait place au champ de Mars.

Le temps n'était pas éloigné où la patrie de ceux qui avaient combattu à Marathon tomberait elle-même sous les coups des Romains, où l'*Hellade* serait remplacée par l'*Achaïe*, et où, enfin, *ultima clades !* le nom seul de Grec deviendrait à Rome une injure!

II

LE FORUM

Nous sommes maintenant à Rome.

La tyrannie des Tarquins vient de finir, la république a été proclamée par le peuple victorieux.

L'esprit de liberté est ombrageux.

Valérius Publicola, nouveau consul, et jouissant de la confiance des citoyens, a eu l'imprudence de se faire construire une maison sur un terrain qui domine la *place publique*. Il est aussitôt accusé d'aspirer à la tyrannie, et, pour regagner la confiance du peuple, il n'hésite pas à faire démolir sa maison. Mais cela ne suffit pas : il faut encore qu'il enlève les haches des faisceaux de ses licteurs et que ceux-ci baissent ces mêmes faisceaux devant l'assemblée du peuple, moyennant quoi, il parvient à rentrer en grâce. Il fut même ensuite nommé quatre fois consul, et, à sa mort, comme pour celle de Brutus, les dames romaines portèrent le deuil pendant un an.

Qu'était donc cette place publique pour laquelle on affichait un culte aussi religieux que s'il se fût agi d'un lieu saint ?

C'était le *Forum*, — la place où se réunissait le peuple souverain.

« Toute la vie publique des Romains, nous dit

M. Emile Deschanel, se passait véritablement au Forum ; — c'est au Forum que les avocats venaient plaider les causes de leurs clients ; au Forum que les grands orateurs prononçaient leurs discours à la veille d'une guerre avec un peuple voisin ou d'un grand événement politique. C'est là, sur la place publique, en présence de tout le peuple, qu'un tribun venait accuser ses collègues, ou que l'on prononçait l'oraison funèbre des grands citoyens. Enfin, c'est au Forum que tous les Romains s'entretenaient, en se promenant sous les portiques, des grands intérêts de l'État, discutaient les affaires publiques, et c'est là que le peuple se réunissait pour les élections. — La tribune était ouverte à tous les citoyens qui voulaient y monter pour haranguer le peuple : c'est là que retentirent les accents généreux des Gracques et la mordante parole du vieux Caton, puis les éloquents plaidoyers et les discours de Cicéron. — C'était, pour la foule, à la fois un enseignement littéraire et un enseignement politique. »

Cette place du Forum était entourée par les principaux édifices publics : cours de justice, basiliques, temples, et par de spacieuses colonnades d'un ou de plusieurs étages, dans lesquelles, comme à l'Agora, les marchands, les banquiers, les usuriers, avaient leurs comptoirs et faisaient leur trafic. Il ne reste plus rien aujourd'hui de tout cela que quelques débris. Ils s'élèvent avec une majesté solitaire, ou sont disséminés parmi les édifices modernes qui encombrent l'emplacement du Forum. Son ancien niveau est enseveli sous trois ou quatre pieds de terre et de décombres, de telle sorte que l'espace exact qu'il occupait est un des points les plus contestés de la topographie romaine. Mais il est facile, par les renseignements que nous ont transmis les livres et aussi par ce qu'on connaît du Forum de Pompeï de refaire le plan de ce lieu de réunion, qui était d'ailleurs commun à presque toutes les villes soumises à la domination romaine.

L'*area*, espace central de la place, était pavée de larges dalles et entourée de statues, d'abord, puis d'une colonnade, ordinairement de deux étages, le long de laquelle régnait une suite d'édifices élevés et spacieux. Il y avait deux entrées, la principale sur la gauche, et l'autre sur la droite. Au milieu de l'*area* s'élevait la tribune, qu'on appelait *rostres*, parce qu'elle était ornée d'éperons de navires pris sur les Volsques d'Antium pendant la guerre Latine. Le savant Anthony Rich, traduit par M. Cheruel, a placé dans son volume des *Antiquités romaines*, une gravure, d'après une médaille de la *Gens Lollia*, qui donne, assure-t-il, une juste idée de la forme et du caractère de ce monument célèbre. La courbure des lignes qui traversent la médaille indique clairement que c'était une construction de forme circulaire, surmontée d'une plate-forme qu'entourait un parapet et que protégeait une sorte de dais en pierre : le tout était supporté par des arcades dont les piliers étaient ornés des éperons dont nous venons de parler. On y montait sans doute par des degrés, et il y avait probablement un escalier de chaque côté, de sorte que l'ensemble de la construction devait ressembler d'une manière frappante aux *ambones* ou chaires que l'on voit encore actuellement à Rome dans plusieurs des églises les plus anciennes.

Tel était, à peu près, le lieu où s'assemblait le peuple romain.

— Le peuple assemblé ! Quelle plaisanterie ! diront certains incrédules.

Rousseau, dans le *Contrat social*, a, là-dessus, quelques lignes qu'il faut que nous citions :

« Les bornes du possible dans les choses morales, dit-il, sont moins étroites que nous ne pensons; ce sont nos faiblesses, nos vices, nos préjugés qui les rétrécissent. Les âmes basses ne croient point aux grands hommes, de vils esclaves sourient d'un air moqueur à ce nom de *liberté*.

« Par ce qui s'est fait, considérons ce qui peut se faire. Je ne parlerai pas des anciennes républiques de la Grèce ; mais la république romaine était, ce me semble, un grand État, et la ville de Rome une grande ville. Le dernier cens donna, dans Rome, quatre cent mille citoyens portant armes, et le dernier dénombrement de l'empire, plus de quatre millions de citoyens, sans compter les sujets, les étrangers, les femmes, les enfants, les esclaves.

« Quelle difficulté n'imaginerait-on pas d'assembler fréquemment le peuple immense de cette capitale et de ses environs ! Cependant il se passait peu de semaines que le peuple romain ne fût assemblé, et même plusieurs fois. Non-seulement il exerçait les droits de la souveraineté, mais une partie de ceux du gouvernement. Il traitait certaines affaires, il jugeait certaines causes, et tout ce peuple était sur la place publique presque aussi souvent magistrat que citoyen. »

Et depuis Jean-Jacques, n'avons-nous pas nous-mêmes fait, à diverses reprises, cette expérience en France ? Nous verrons plus tard comment les choses se sont passées en 1790 et 1848. — Pour le moment, nous concevons fort bien que chaque arrondissement de Paris eût un *forum*, où les citoyens s'assembleraient sans plus de difficultés et sans plus d'inconvénients que dans Rome ancienne et les villes de sa dépendance. — « La liberté, dit Montesquieu, a paru insupportable à des peuples qui n'étaient pas accoutumés à en jouir. C'est ainsi qu'un air pur est quelquefois nuisible à ceux qui ont vécu dans les pays marécageux. » — Il n'y aurait donc là qu'une question d'habitude.

Sans doute, ces assemblées du peuple romain sur la place publique n'étaient pas toujours sans embarras, et il arriva un jour, du temps des Gracques, qu'une partie des citoyens dut donner son suffrage de dessus les toits. Mais « quand le droit et la liberté sont toutes choses, les inconvénients ne sont rien. »

Dès les premiers jours de la fondation de Rome, le peuple avait la direction des affaires les plus importantes, telles que le droit de paix et de guerre, la nomination des magistrats et l'élection même du souverain. C'est ainsi qu'après l'assassinat de Romulus, la couronne fut déférée à Numa Pompilius par le suffrage des citoyens.

Sous le règne de Tullus Hostilius, le dernier Horace, vainqueur des trois Curiaces, ayant tué, à sa rentrée dans Rome, sa sœur Camille, et ayant été condamné à mort par les deux commissaires nommés pour le juger, en appelle à l'assemblée du peuple, qui lui sauve la vie en le faisant passer sous le joug.

Le peuple remplissait donc aussi des fonctions judiciaires.

Administration, justice, gouvernement, tout, en fin de compte, était dans ses mains.

Servius Tullius divisa les habitants de la ville en quatre tribus, selon les quartiers, — et ceux de la campagne en quinze tribus, auxquelles on en ajouta plusieurs autres par la suite. Chacune avait ses *curies*, espèce de canton, de section ou d'arrondissement, dont les citoyens se réunissaient dans de petits *forums* pour délibérer sur les affaires ou accomplir des devoirs religieux. Puis, le même Servius Tullius partagea tout le peuple romain en six classes, subdivisées elles-mêmes en *centuries*. La première classe comprenait les riches, et était subdivisée en quatre-vingt-dix-huit centuries. Les quatre autres classes suivantes allaient en proportion des richesses, et formaient quatre-vingt-quinze centuries en tout. La sixième classe, composée des pauvres, quoique la plus nombreuse, ne formait qu'une seule centurie.

Les Romains ainsi classés se réunissaient dans les assemblées, qui, légitimement convoquées, prenaient le nom de *comices*. Les comices se tenaient par curies, par centuries, ou par tribus. Quand elles avaient lieu par centuries, c'était au *champ de Mars* qu'elles s'assemblaient, parce que la centurie était une division ayant le caractère militaire; autrement, c'était au *forum* qu'on se réunissait.

Naturellement, les comices par centuries étaient plus favorables à l'aristocratie, puisque la classe des pauvres n'avait qu'une centurie et que les deux autres classes en comptaient cent quatre-vingt-treize. Mais, les prolétaires se trouvaient alors protégés par leurs tribuns, dont le *veto* avait pour effet d'annuler les décisions onéreuses au peuple. Une autre compensation dans ce cas, pour le prolétariat, c'est qu'au lieu de faire d'abord voter les centuries selon leur ordre, on en tirait une au sort, qui votait la première, tandis que les autres ne votaient, selon leur rang, que les jours suivants, — quand le résultat de la première élection était connu, — et confirmaient ordinairement, entraînées par l'autorité de l'exemple, le choix des premiers votants.

Les comices par centuries avaient pour objet d'élire les consuls, les censeurs et les autres magistrats curules.

En revanche, le vote par curies donnait au peuple l'avantage du nombre pour balancer l'influence de la puissance et des richesses, tandis qu'avec les comices par tribus, il devenait omnipotent, le sénat n'ayant pas même le droit d'y siéger. Les comices par tribus avaient, en effet, pour objet, l'élection des tribuns qui, comme il vient d'être dit, pouvaient arrêter toute décision défavorable au peuple.

Ces tribuns, créés au nombre de cinq, furent ensuite portés à dix. Leur personne était sacrée et inviolable; ils ne portaient aucune marque de dignité et restaient assis aux portes du sénat, dans l'enceinte duquel ils ne pouvaient être appelés que par un ordre du consul.

Les consuls seuls avaient d'abord le droit de convoquer les assemblées populaires ; mais les tribuns acquirent bientôt le même avantage, par une circonstance qui mérite d'être rapportée.

Après la prise de Corioles, qui valut au jeune C. Marcius le surnom de *Coriolan*, une disette affreuse vint affliger la ville de Rome. Le peuple se persuada que les sénateurs avaient accaparé le blé Les tribuns de leur côté accréditèrent le bruit, les têtes s'échauffèrent et les consuls assemblèrent le peuple pour faire punir les tribuns. Ceux-ci se rendirent à l'assemblée, où ils interrompirent les consuls, qui, à leur tour, voulurent leur fermer la bouche. D'après les consuls, les tribuns n'avaient pas le droit de parler dans l'assemblée. Un des édiles, Junius Brutus, leur demande alors la permission de prendre la parole, comme pour terminer la dispute, et s'informe des motifs pour lesquels ils refusent aux tribuns le droit de parler au peuple : — « C'est, répond un des consuls, parce que, ayant convoqué nous-mêmes l'assemblée, la parole nous appartient. Si les tribuns l'avaient convoquée, loin de les interrompre, je ne viendrais pas même les entendre. » — « Vous avez vaincu, plébéiens ! s'écrie alors Junius ; tribuns, laissez haranguer les consuls. Demain, je vous ferai connaître la dignité et la puissance de vos charges. »

Par son conseil, en effet, les tribuns se rendirent

le lendemain, dès la pointe du jour, au Forum, suivis de presque tout le peuple.

L'un d'eux, Icilius, représente combien il est essentiel qu'ils aient le droit de convoquer les assemblées et de parler au peuple, sans crainte d'être empêchés par les consuls. Le peuple applaudit et approuve une loi portant que, dans les assemblées convoquées par les tribuns, personne ne les interromprait et ne les contredirait; que si quelqu'un osait le faire, il serait puni de mort, à moins qu'il ne fournît caution pour l'amende à laquelle il devait être condamné. — Pareille loi était un coup terrible porté au sénat; il refusa d'abord de la confirmer, soutenant qu'elle était l'œuvre d'une assemblée illégale; mais les tribuns déclarèrent que si les sénateurs rejetaient les *plébiscites*, ils rejetteraient, eux, les *sénatus-consultes*, et il finit par céder. — A partir de ce moment, les assemblées du peuple devinrent à peu près permanentes, les tribuns les provoquant sous le moindre prétexte, et la démocratie romaine avait atteint son plein développement, d'autant mieux que, dans les comices par tribus où se nommaient les tribuns, on votait *par tête*.

« Quant à la manière de recueillir les suffrages, dit Jean-Jacques Rousseau, elle était, chez les premiers Romains, aussi simple que leurs mœurs, quoique moins simple encore qu'à Sparte : chacun donnait son suffrage à haute voix, un greffier les écrivait à mesure; la pluralité des voix dans chaque tribu déterminait le suffrage du peuple, et ainsi des curies et des centuries. Cet usage était bon tant que l'honnêteté régnait entre les citoyens, et que chacun avait honte de donner publiquement son suffrage à un avis injuste ou à un sujet indigne; mais quand le peuple se corrompit et qu'on acheta les voix, il convint qu'elles se donnassent en secret pour contenir les acheteurs par la défiance, et fournir aux fripons le moyen de n'être pas des traîtres..... On distribua donc aux citoyens des tablettes par lesquelles chacun pouvait voter sans qu'on sût quel était son avis. On établit aussi de nouvelles formalités pour le recueillement des tablettes, le compte des voix, la comparaison des nombres, etc.; ce qui n'empêcha pas que la fidélité des officiers chargés de ces fonctions ne fût souvent suspectée. On fit enfin, pour empêcher la brigue et le trafic des suffrages, des édits dont la multitude montre l'inutilité. — Vers les derniers temps, on était souvent contraint de recourir à des expédients extraordinaires pour suppléer à l'insuffisance des lois. Tantôt on supposait des prodiges; mais ce moyen, qui pouvait en imposer au peuple, n'en imposait pas à ceux qui le gouvernaient; tantôt on convoquait brusquement une assemblée avant que les candidats eussent eu le temps de faire leurs brigues; tantôt on consumait toute une séance à parler, quand on voyait le peuple gagné prêt à prendre un mauvais parti; mais enfin l'ambition éluda tout, et, ce qu'il y a d'incroyable, c'est qu'au milieu de tant d'abus, ce peuple immense, à la faveur de ces anciens règlements, ne laissait pas d'élire les magistrats, de passer les lois, de juger les causes, d'expédier les affaires particulières et publiques, presque avec autant de facilité qu'eût pu le faire le sénat lui-même. »

Hélas ! les abus sont de tous les systèmes, et la corruption est essentiellement humaine ; un gouvernement moins démocratique n'eut pas préservé les Romains de ces éléments de dissolution. La corruption, à Rome, venait encore plus du sénat que du peuple. Il n'y a pour s'en convaincre qu'à se rappeler ce qui se passa à propos de Jugurtha. Adherbal avait employé contre ce fourbe ambitieux et cruel la protection de Rome ; mais Jugurtha, qui savait déjà par expérience qu'il n'était pas de crime qu'on ne pût justifier avec de l'or aux yeux des Romains, corrompit encore une fois par ses largesses le sénat, qui se déclara en sa faveur. Adherbal, abandonné, capitula, et l'usurpateur, après l'avoir fait assassiner, jouit insolemment de ses dépouilles. — C'était un attentat par trop criant : le peuple s'émut, força la main au sénat, et Calpurnius Pison, le second consul, eut ordre d'obtenir justice du meurtrier. Jugurtha acheta Pison et obtint la paix du sénat... Alors le tribun Mummius s'indigne, il assemble les tribus, flétrit d'une éloquence brûlante les prévaricateurs et conclut à ce que Jugurtha soit sommé de comparaître devant le peuple. Celui-ci accourt en toute hâte à Rome, gagne le tribun, et retourne tranquillement en Afrique en saluant Rome de ces mots : « O ville vénale, tu te vendrais bientôt si tu trouvais quelqu'un pour t'acheter ! »

Il n'y avait pourtant que quelques années que la voix des Gracques retentissait encore au Forum et s'efforçait en persuadant des mesures économiques, des réformes sociales, de remédier à la misère de la multitude et de la soustraire ainsi aux tentatives de la corruption; mais Tibérius était mort assassiné au Capitole, et son frère, Caïus, n'avait pu sauver sa tête, mise à prix par le consul Opimius, des fureurs du sénat.

Ceux-là avaient été véritablement les rois du Forum, des chefs réellement démocratiques, dont le cœur était enflammé de l'amour du peuple, et dont la formidable éloquence ne connaissait d'autre emploi que la cause du prolétariat. Un instant leur irrésistible ascendant sur les masses avait failli sauver la république en donnant à l'élément vivace du peuple une satisfaction nécessaire, en lui apportant des forces nouvelles, en faisant, enfin, — disons le mot, — triompher les principes d'un *socialisme* régénérateur... Mais il était, hélas! déjà trop tard; l'élément conservateur l'emporte sur le dévouement de ces hommes sincères, de ces tribuns éclairés, et l'époque de leur glorieux martyre marque, dans les annales de Rome, le point de départ de la décadence républicaine et démocratique.

Que voyons-nous, en effet, après eux? L'aristocratie, victorieuse et soutenue par la force brutale, étend les bras, ramenant tout à elle, les richesses de l'Asie et celles de l'Afrique, esclaves, trésors, — et vices, — mais ne partageant que ces derniers avec le peuple. En vain Marius, le vainqueur des Cimbres et des Teutons, se souviendra de son origine prolétaire et frappera le sénat de sa main calleuse et sanglante. Sylla se fera le champion du privilége; les têtes des sénateurs seront portées sur la tribune aux harangues, où, formant une espèce de sénat muet, elles ne cesseront de crier vengeance, jusqu'à ce que la dictature soit accourue à cet appel. La tyrannie sera alors excessive; le sang coulera de tous côtés, la trahison sera partout; on invitera l'esclave à tuer son maître, le fils même à assassiner son père ; la tête d'un proscrit sera payée deux talents; on confisquera les biens, on punira jusqu'aux générations à venir; Rome, les provinces, se changeront en boucheries, et une foule de citoyens seront égorgés uniquement parce qu'on en veut à leurs dépouilles... Cent mille cadavres engraisseront la terre, ou s'en iront, roulés par les ondes bourbeuses du Tibre, rougir les flots de la mer, aux rivages d'Ostie, et la proscription chassera de ses foyers le peu d'honnêtes gens qui reste. « Le peuple, dit un historien, est devenu pygmée : la dictature l'a rendu bien souple et elle se retire le saluant à peine du haut de la tribune. L'anarchie aurait patiemment attendu la mort du maître, elle gagne une année, et répare en toute hâte le temps perdu. » La lice est ouverte, et naturellement les concurrents ne manquent pas. Les citoyens ne sont plus d'une nation, ils sont d'un parti; on est pour César ou pour Pompée. César triomphe; Cicéron, cet orateur bourgeois, le Philippe Dupin de son temps, qui avait appartenu à Pompée, veut alors appartenir à César, et traîne son éloquence châtrée aux pieds du futur dictateur, déshonorant ainsi jusqu'à l'art de bien dire ; mais sa bassesse ne sauve point ce « père de la patrie » du privilége ; il est assassiné, comme il fuyait dans sa litière vers la mer de Cayette ; son meurtrier, Popilius Lenas, lui coupe la tête et la main droite, que Marc-Antoine fait exposer aux rostres de la tribune publique pour insulter encore dans un de ses moins dignes représentants la liberté de la parole. César va être roi, mais un autre Brutus surgit, et le frappe du fer vengeur, au moment où il veut couvrir sa tête chauve d'un diadème abhorré même à ces heures de suprême défaillance ; deux voies restent ouvertes au peuple, celle de la liberté qu'offrent les meurtriers de César, et celle de la tyrannie qu'offrent ses vengeurs : le peuple n'hésite pas, il est déjà façonné à la servitude, et il se déclare pour Antoine. Il faut qu'un peuple ait des vertus pour aimer la liberté, et Rome n'en avait plus, car depuis longtemps ses citoyens négligeaient les assemblées du Forum ou ne s'y rendaient que pour fournir l'appui d'un suffrage vénal à l'ambition de quelques hommes qui se disputaient le pouvoir. Octave n'avait plus qu'à paraître. —Il parut, ce neveu de César, qui n'avait pour lui que des antécédents de bassesse et de cruauté, et il fut proclamé le maître du monde. Il prend le titre d'empereur, et non de roi, distinction niaise si l'on veut, mais qui révèle une certaine susceptibilité de honte. Alors on peut bien encore hurler dans le Forum, car le maître a daigné, pour la forme, laisser à ses esclaves quelques charges électives ; on peut encore parler de liberté, de république, mais uniquement pour comparer le passé au présent et de façon à ce que le parallèle tourne au profit de ce qui est. En réalité, toute indépendance est brisée, *fracta virtus*, comme dit Horace, et avec elle, toute vigueur, toute énergie, à tel point qu'Auguste, après avoir si bien réussi par le crime, ne redoute pas d'essayer de l vertu.

A partir de ce moment, quel hideux spectacle ! Le peuple-roi se meurt chaque jour miné davantage par la pratique de la bassesse et de la servilité. Tout ce qu'il ose demander, c'est du pain et des jeux. Ses soldats se vendent, en attendant qu'ils vendent l'empire. Un de ses empereurs lui donne son cheval pour consul, un autre, un vil giton pour impératrice. De chute en chute, Auguste a pour successeur Augustule, et la superbe Rome, douze cent vingt-neuf ans après sa fondation, s'humilie, misérable, sous le joug sanglant des Hérules et des Ostrogoths. Voilà où avaient conduit ce peuple, maître du monde, l'oubli et l'abandon des droits politiques dont les assemblées populaires étaient la première expression.

III

LE CHAMP DE MAI. — LES COMMUNES. — LES ÉTATS GÉNÉRAUX.

Nos anciens rois étaient élus par le peuple. On les élevait sur un bouclier et on leur faisait faire ainsi, par trois fois, le tour de l'assemblée, à laquelle on donnait le nom de *champ de mai* ou champ de Mars.

Le préambule de la loi salique est ainsi conçu :

« La nation des Franks, illustre, ayant Dieu pour « fondateur, forte sous les armes, ferme dans les « traités de paix, profonde en conseil, noble et saine « de corps, d'une blancheur et d'une beauté singu- « lière, hardie, agile et rude au combat, depuis peu « convertie à la foi catholique, libre d'hérésie ; lors- « qu'elle était encore sous une croyance barbare, « avec l'inspiration de Dieu, recherchant la clef de la « science ; selon la nature de ses qualités, désirant « la justice, gardant la piété ; la *loi salique* fut dictée « par les chefs de cette nation, qui en ce temps com- « mandaient chez elle.

« *On choisit*, entre plusieurs, quatre hommes, « savoir : le gast de Wise, le gast de Bode, le gast « de Sale, et le gast de Winde, dans les lieux appe- « lés canton de Wise, canton de Sale, canton de Bode « et canton de Winde. Ces hommes se réunirent dans

« trois mâls, discutèrent avec soin toutes les causes « de procès, traitèrent de chacune en particulier, et « décrétèrent leur jugement en la manière qui « suit, etc. »

Voilà donc une première assemblée constituante qui procède de l'élection. Mâl, dans l'ancienne langue teutonique, signifie, en effet, *conseil*, *assemblée*. L'assemblée des Franks s'appelait aussi *bann*.

Ils donnaient à leur roi le nom de *koning*.

Ce *koning* était moins un *roi*, dans le sens absolu du mot, qu'un *chef*, un *directeur*, un *magistrat*, et auquel les autres obéissaient, parce qu'ils l'avaient reconnu comme le plus capable de les diriger. De même qu'il était électif, il était essentiellement révocable. Plusieurs rois de la première et de la seconde race furent dégradés pour cause d'inconduite ou d'inhabileté.

Quand le roi était mort, ou dégradé, c'était son fils qu'on choisissait ordinairement pour lui succéder, mais encore fallait-il qu'il fût accepté par les guerriers réunis, à cet effet, en assemblée. Nous voyons, par exemple, que Clotaire II étant mort, Dagobert, son fils aîné, ordonna à tous les *leudes* dont il avait le commandement, de s'assembler en armes, et qu'il envoya des députés par le *Neuster* et le pays des Burgondes pour s'y faire *élire* comme roi. Les évêques et les chefs du *Neuster* n'éprouvant aucune répugnance à le voir régner, il fut élu. Mais son frère fut moins heureux. Caribert, en effet, fit de vains efforts pour parvenir à la royauté sur une partie des États laissés libres par la mort de Clotaire ; il obtint peu de succès, disent les historiens, à cause de son manque d'habileté.

Le premier auquel notre histoire devrait donner le titre de roi de France, par opposition aux rois des Franks, dit Augustin Thierry, est Ode, ou, selon la prononciation romaine qui commençait à prévaloir, Eudes, fils du comte d'Anjou Rodbert le Fort. *Élu* au détriment d'un héritier qui se qualifiait de *légitime*, Eudes fut le candidat national de la population mixte qui avait combattu cinquante ans pour former un État par elle-même.

Plus tard, c'est la grande majorité des seigneurs et du peuple qui se range autour du comte Hugues, et le nomme roi par acclamation, au détriment du prétendant à titre héréditaire.

L'homme que les Franks appelaient chef ou *roi*, n'agissait jamais sans leurs conseils, il subissait leur jugement sur ses actes... Mais depuis l'élection de *Hugues*, surnommé *Capet*, la race des Franks, se voyant établie invinciblement sur les terres gauloises, relâcha, par indolence, les liens de son antique discipline ; elle s'isola et laissa ses chefs s'isoler d'elle, se perpétuer à plaisir dans le commandement, et le transmettre sans contrôle à leurs fils (1) ...

Par conséquent, il est parfaitement établi que les premiers rois de France ne gouvernaient qu'en vertu de la volonté nationale, ce qui prouve qu'à ces époques barbares, la vie politique se manifestait tout au moins par l'élection du souverain. Nous avons dit que

(1) Augustin Thierry, *Lettres sur l'Histoire de France.*

ces élections se faisaient dans des assemblées appelées mâl ou *bann;* elles se tenaient généralement dans un endroit désigné sous le nom de *champ de mai* ou *de Mars.*

Ces assemblées politiques n'avaient pas seulement lieu quand il s'agissait d'élire un chef, elles se tenaient aussi pour toute autre cause d'administration ou de gouvernement. Dans le principe, les Franks seuls y prenaient part, et y délibéraient dans leur langue, sans le concours des indigènes. Sidonius Apollinaris, cité par Augustin Thierry, nous a transmis quelques détails sur l'une de ces assemblées tenue à Toulouse par Théodorik, roi des Visigoths. Le poëte décrit la figure et l'accoutrement des barbares se rendant à ce qu'il appelle le *conseil des anciens.* Il nous les représente ceints de leurs épées, vêtus d'habits de toile pour la plupart sales et gras, et chaussés de mauvaises guêtres de peau de cheval.

« Selon toute probabilité, il en fut de même des premières assemblées tenues par les rois des Franks au nord de la Loire. S'il s'agissait d'objets difficiles à débattre, les chefs et les hommes d'un certain âge étaient convoqués à part ; mais les affaires de guerre se discutaient en présence de toute l'armée. Quand Chlodowig Ier eut résolu d'envahir le territoire des Goths, il assembla sous les murs de Paris tous les Franks en état de porter les armes, pour leur soumettre son projet. Le discours du roi barbare, prononcé en langue germanique, fut bref et significatif : « Je supporte avec peine que ces Ariens occupent une « partie des Gaules ; allons avec l'aide de Dieu, et

« les ayant vaincus, réduisons leurs terres en notre « pouvoir. » L'assemblée manifesta son adhésion par des acclamations bruyantes, et l'on se mit en marche vers l'Aquitaine (1)... »

On voit qu'il y avait loin de ces assemblées-là à celles de l'Agora, les jours où Démosthènes discutait avec Eschine les mesures à prendre contre Philippe.

Mais laissons continuer le même auteur :

« Les assemblées tenues par les successeurs de Clovis eurent à peu près le même caractère. C'était toujours le conseil de la race conquérante et de la population militaire. Les habitants des villes et tout ce qui conservait la civilisation et les mœurs romaines formaient un peuple à part. Ce peuple, dont les barbares ne s'occupaient guère pourvu qu'il demeurât en repos, avait, à côté de leur gouvernement, des institutions qui lui étaient propres, des corps municipaux ou curies, des magistratures électives et des assemblées de notables, ancien privilége des cités romaines, que l'anéantissement de l'autorité impériale avait même accru dans certains lieux. C'était dans le maintien de leur régime municipal que les fils des vaincus cherchaient quelque garantie contre l'oppression et la violence des temps. Car, si les chefs germains ne mettaient aucun prix à ce que la constitution des villes gauloises prît une autre forme, ils n'épargnaient point les habitants, soit dans la levée des tributs, soit dans les guerres où ils se disputaient les uns aux autres la possession du terri-

(1) Augustin Thierry. *Lettres sur l'Histoire de France.*

toire. Aucun habitant des villes n'avait de relation directe avec le gouvernement central, si ce n'est l'évêque, qui se rendait quelquefois à la cour des rois franks, afin d'intercéder pour ses concitoyens, remplissant dans ce cas, d'une manière bénévole, l'office du magistrat que les Romains appelaient *défenseur*. Ses doléances sur l'énormité des taxes et la rigueur des officiers du fisc étaient souvent écoutées, et alors l'évêque s'en retournait avec une *préception* royale que les habitant de la cité recevaient avec joie, mais dont les collecteurs d'impôts et les commandants militaires tenaient habituellement peu de compte. — Les évêques demeurèrent dans cet état de solliciteurs officieux auprès des rois jusqu'au temps où un grand nombre d'hommes d'origine barbare ayant été promus à l'épiscopat, l'ordre entier fut admis à siéger, d'une manière constante et régulière, dans les assemblées politiques : c'est ce qui arriva sous la seconde race. Mais alors les évêques perdirent leur premier rôle de défenseurs des villes, et figurèrent seulement comme représentants de l'ordre ecclésiastique à côté des chefs et des seigneurs représentant la population militaire. Les habitants des cités ne comprenaient point la langue parlée à la cour des rois, et, dans les *champs de mai*, où l'on discutait soit en langue tudesque les affaires militaires, soit en latin littéral les affaires ecclésiastiques, n'avaient aucune annexion directe ou indirecte avec ces assemblées, et ne souffraient ni ne se plaignaient de n'en pas avoir (1). »

(1) Augustin Thierry. *Lettres sur l'Histoire de France.*

Donc, sous les deux premières races de nos rois, il se tenait deux espèces d'assemblées : les mâls ou réunions du *champ de mai*, pour les guerriers franks, où l'on élisait les chefs, on fixait les impôts, on décidait de la paix ou de la guerre, on organisait la conquête, etc ; — et les réunions des citoyens des villes conquises, qui avaient conservé les traditions du municipe romain pour leur administration intérieure. Des premières devaient sortir les *États généraux ;* — des secondes, les *communes*

Parlons d'abord des communes.

Un certain nombre de villes du midi de la France avaient conservé leur organisation municipale du temps de la domination romaine, c'est-à-dire qu'elles procédaient dans la gestion de leurs affaires avec une liberté absolue et une indépendance complète, sauf les taxes qu'elles avaient à payer au pouvoir central.

Mais les abus du régime féodal avaient entraîné pour les bourgeois de la plupart des autres villes une situation excessivement pénible. Ils étaient écrasés de taxes; on leur refusait la faculté de tester; ils ne pouvaient, sans l'agrément du seigneur, faire embrasser à leurs fils la carrière ecclésiastique; ils ne pouvaient, enfin, sans la même autorisation, marier leurs filles. Il devint urgent de porter remède à un pareil état de choses, et ils ne trouvèrent pas de meilleur moyen que de se liguer contre tant d'exigences tyranniques, s'engageant mutuellement, sous la foi du serment, à se soutenir l'un l'autre. En d'autres termes, ils formèrent une confédération pour obtenir les différents droits civils dont ils étaient privés, et, corollairement, pour acquérir la puissance militaire qui devait les faire respecter, car les nobles avaient seuls le droit de porter des armes.

Louis Blanc, dans son *Histoire de la Révolution*, fait, à ce sujet, une querelle à Augustin Thierry. Il l'accuse d'avoir confondu le *municipe* avec la *commune*.

« M. Augustin Thierry, dit-il, me semble s'être trompé sur la nature et la portée du mouvement communal lorsqu'il a écrit : — « Pour garantie de leur « association, les membres de la commune consti- « tuaient, d'abord tumultuairement, et ensuite d'une « manière régulière, *un gouvernement électif*, res- « semblant sous quelques rapports au gouvernement « municipal des Romains, et s'en éloignant sous « d'autres. » — Ce *gouvernement électif* des villes ne se rattache en aucune sorte à la formation des communes. Dans presque toutes les cités des Gaules il existait bien avant que l'on eût vu éclater le mouvement communal dont M. Augustin Thierry le fait dériver. Qu'on parcoure ces chartes, histoire unique des communes, on n'y trouvera rien qui se rapporte soit à l'élection du maire et des échevins par les bourgeois, soit aux attributions de la magistrature. On y parle, à la vérité, de *majeurs*, de *jurés*, mais comme de magistrats dont la juridiction est depuis longtemps reconnue, et n'a besoin ni d'être créée, ni même d'être définie. »

Louis Blanc cite ensuite, à l'appui de son opinion, de nombreuses preuves, qui nous paraissent irréfutables, et d'où se dégagent clairement ces conséquences :

Que la commune fut une association guerrière, née de la révolte légalisée des bourgeois contre les seigneurs ;

Que le *municipe*, c'était la cité considérée en elle-même, tandis que la commune, c'était la cité considérée dans ses rapports avec les pouvoirs qui pesaient sur elle ;

Que le municipe, enfin, c'était la bourgeoisie s'administrant elle-même par des magistrats sortis de son sein, tandis que la commune, c'était la bourgeoisie prenant la hache et faisant capituler la féodalité qui la gênait dans son essor.

Les droits nouveaux, conquis à la pointe de l'épée par les cités, furent peu à peu reconnus par les rois, et la vie publique prit, sur toute l'étendue du territoire français, une grande extension. — « L'enthousiasme républicain des vieux temps, dit Augustin Thierry, se communiquait de proche en proche, et produisait des révolutions, partout où il se trouvait une population assez nombreuse pour pouvoir entrer en lutte avec la puissance féodale. Les habitants des villes, que ce mouvement politique avait gagnés, se réunissaient dans la grande église ou sur la place du marché, et là, ils prêtaient, sur les choses saintes, le serment de se soutenir les uns les autres, de ne point permettre que qui que ce fût fît tort à l'un d'entre eux ou le traitât désormais en serf. C'était ce serment, ou cette *conjuration*, comme s'expriment les anciens documents, qui donnait naissance à la commune. Tous ceux qui s'étaient liés de cette manière prenaient le nom de *communiers* ou de *jurés*, et, pour eux, ces titres nouveaux comprenaient les idées de devoir, de fidélité et de dévouement réciproques, exprimés, dans l'antiquité, par le mot de *citoyen*.

« Les mots de *curie* et de *décurion* étant tombés en désuétude, les villes du midi adoptèrent pour leur magistrat le titre de *consul*, et celles du nord, celui de *juré* et d'*échevin*. Ces nouveaux magistrats, pour faire face aux exigences de leur mission, assemblaient les bourgeois au son de la cloche et les conduisaient en armes sous la bannière de la commune. Ces associations bourgeoises étaient parvenues à donner à certaines cités une haute importance politique. Toulouse, par exemple, était devenu un véritable état républicain, comptant des rois pour alliés, entretenant des armées et exerçant tous les droits de la souveraineté, « jusqu'au rassemblement de serfs et de vagabonds, auxquels les rois et les seigneurs ouvraient un asile sur leurs terres. »

On conçoit qu'avec un pareil régime, les réunions publiques fussent beaucoup plus fréquentes. Il fallait procéder à l'élection des magistrats, discuter les intérêts de la cité, préparer les importantes résolutions, décider les entreprises, s'exercer au maniement des armes et s'initier à la tactique militaire; au milieu de tout cela, se développaient l'esprit de liberté et les sentiments de dignité, qui élèvent et ennoblissent l'homme.

Ce mouvement ne dura pas longtemps.

Les bourgeois n'ayant pris les armes que pour s'affranchir de la noblesse, ce but était à peine atteint, que la levée de boucliers n'ayant plus de raison d'être, ils se jetèrent, pour donner un dérivatif à l'excès d'activité créée par cette émotion passagère, dans l'industrie et dans le commerce, et ne vécurent plus que par les préoccupations du mercantilisme. — « Non-seulement ils désapprirent l'usage des armes, mais ils perdirent jusqu'au goût de la vie publique. Ils en sentaient moins vivement la nécessité ; ils en redoutèrent les orages. Ils craignaient que *ceux qui vivaient à leurs pieds* ne profitassent à leur tour de cette formidable puissance d'agitation. Alors naquit cet amour de l'ordre qui caractérise aujourd'hui la bourgeoisie, amour inquiet qui a causé ses emportements et ses violences. Les traditions de l'hôtel de ville furent donc oubliées ou dédaignées ; la cloche des assemblées resta muette dans le beffroi ; tout frémissement héroïque cessa dans les âmes, et bientôt, là où avaient existé des communes, il n'y eut plus même des municipes. »

Il serait peut-être nécessaire que nous entrions dans quelques explications immédiates, au sujet de la classe que signale Louis Blanc et qu'il désigne comme vivant aux pieds de la bourgeoisie. Mais cela dérangerait trop notre plan. Nous toucherons à ce point vers la fin de ce chapitre.

Revenons, pour le moment, au *champ de mai*.

Clovis ou Chlodowig, en conquérant habile, avait laissé aux peuples qu'il avait vaincus leurs usages et la plupart de leurs lois. Il fit même en sorte que les

Franks les adoptassent peu à peu. Ainsi, comme les Romains tenaient leurs plus grandes comices dans le *champ de Mars*, il voulut aussi que le mâl de ses Franks se tînt dans un lieu désigné sous le même nom. Seulement, comme cette réunion avait lieu, chez les Franks, au commencement du printemps, le *champ de Mars* devint le *champ de mai.*

Ces assemblées existaient d'ailleurs, dans les Gaules, avant la conquête romaine. Les druides les présidaient.

Pépin convoquait tous les ans, au mois de mai, les leudes et les évêques. Il en fut de même sous Charlemagne et ses successeurs. Toutes les grandes affaires d'État étaient agitées dans cette assemblée. Le roi s'y rendait accompagné de ses ducs, de ses barons, de ses comtes. Après que les objets mis en délibération avaient obtenu l'approbation de l'assemblée et celle du roi, on les inscrivait au nombre des lois, dans le livre des Capitulaires, qui formèrent ainsi le code de la nation sous la première et la seconde race.

Ces assemblées furent fréquentes jusqu'à Dagobert, sous la première race, et sous les quatre premiers rois de la deuxième. Mais les divisions et les guerres intestines occasionnées par l'ambition des princes carlovingiens et les perturbations causées par l'invasion normande, ralentirent la fréquence de ces assemblées et lorsque, sous Charles le Simple, les grands vassaux se furent rendus indépendants de la couronne, ils refusèrent de paraître, sur les invitations du roi, aux assemblées du *champ de mai.*

Chaque comte ou baron rendit de son propre chef la justice souveraine, sans aucune espèce d'appel au roi.

Les Capitulaires n'ayant plus de sanction, furent absolument oubliées, et les assemblées du *champ de mai* tombèrent en désuétude sous les derniers rois de la deuxième race : tout, alors, tomba aussi dans la confusion. On ne reconnut plus que le droit de la force, et il ne se trouva dans le pays que deux espèces d'hommes, quelques maîtres et une multitude d'esclaves. Les gens d'épée et d'Église étaient seuls libres; les gens des villes et des campagnes, plus ou moins serfs ou esclaves. C'est alors que se produisit le mouvement des communes que nous avons signalé plus haut.

Mais en dehors du *champ de mai* il s'était formé, sous Pépin, une autre assemblée.

Ce roi, sur le point de passer en Italie, avait compris que les seigneurs qui se disposaient à l'accompagner, n'étant plus là pour tenir les assemblées du *champ de mai*, la justice aurait beaucoup trop à en souffrir. Il composa, en conséquence, un nouveau conseil, sous le nom de *parlement*, pour décider, pendant son absence, des affaires les plus urgentes.

Ce nouveau mode d'assemblées nationales les rendit moins tumultueuses que celles du *champ de mai*, où prenaient part un plus grand nombre de délégués des nobles et du clergé; leurs résolutions furent aussi moins précipitées. A son retour, Pépin laissa subsister ce parlement, et Charlemagne confirma ce que son père avait fait à ce sujet. Il n'y eut, entre ceux qui composaient cette assemblée, d'autre différence de titre que celle résultant de leurs titres féodaux, et ce grand conseil des rois conserva sa première forme jusqu'à la fin du treizième siècle, où les rois, sentant, à raison des progrès de l'esprit d'indépendance, le besoin de s'entourer d'une autorité plus populaire, imaginèrent de convoquer à leur cour des représentants des trois principales classes de la nation : la noblesse, le clergé, et les membres des communes qui furent plus tard appelés *tiers état*.

C'est à Philippe le Bel que revient l'honneur de cette innovation.

Voici comment on procédait à l'élection de ces assemblées:

« Les habitants des villages se réunissaient, au jour fixé, sous le porche ou sous la galerie de l'église. Ils choisissaient quelques-uns d'entre eux pour rédiger leurs plaintes ou remontrances ; c'était ce qu'on appelait les *cahiers*. Puis ils nommaient des députés pour porter ces cahiers, non pas à l'assemblée des États généraux, non pas même à celle du bailliage principal, mais à l'assemblée du bailliage du second ordre. Là, tous les cahiers des villages étaient compilés et réunis en un seul; et les députés nommaient d'autres députés pour l'assemblée du bailliage principal. Ici, nouvelle compilation des cahiers, députés nouveaux nommés pour l'assemblée générale des États. Ainsi, pour les habitants des villages, l'élection n'était qu'au troisième degré; et leurs plaintes n'arrivaient au pied du trône qu'après avoir subi deux altérations successives.

« Dans les villes principales, chaque communauté d'arts et métiers, chaque corps de ville élisait des représentants. Chaque paroisse de la ville en faisait de même.

« Ces députés, réunis à l'hôtel de ville, en nommaient d'autres, qui s'en allaient à l'assemblée du bailliage principal, en nommer d'autres encore. Qu'on juge du remaniement des cahiers ! Si bien qu'il n'était pas jusqu'aux grandes villes qui ne fussent soumises à tous les inconvénients, à tous les mécomptes de l'élection du troisième degré (1). »

Paris était la seule ville de France qui jouît du bénéfice de l'élection directe ; mais on avait eu soin de ne faire entrer dans l'assemblée, du sein de laquelle sortaient les députés, que des échevins et des conseillers de ville, l'évêque, un certain nombre de députés du chapitre de Notre-Dame et de quelques autres communautés ecclésiastiques, des gardes et maîtres de la marchandise et des métiers, des quarteniers et dix notables *par eux choisis* dans chaque quartier.

Ainsi que le fait parfaitement ressortir Louis Blanc, à qui nous empruntons ces détails, une assemblée ainsi formée ne peut pas être considérée comme une véritable représentation populaire, et la qualification de *généraux*, appliquée à ces *États*, est évidemment une hyperbole.

Le peuple des villes, pas plus que celui de la campagne, c'est-à-dire cette immense majorité de ci-

(1) Louis Blanc. *Histoire de la Révolution.*

toyens qui constitue ce que nous appelons aujourd'hui le prolétariat, n'était représenté dans les États généraux. Le mécanisme électoral que nous venons de mettre sous les yeux du lecteur le prouve surabondamment.

Il y avait aux États généraux des représentants de la noblesse, du clergé, de la bourgeoisie, mais pas du tout du prolétariat.

L'*innovation* des États généraux, quoique constituant un succès réel dans les efforts de la nation pour reconquérir ses droits de souveraineté, ne changeait rien à la condition misérable des prolétaires et des serfs, de « ces viles personnes du menu peuple, » comme dit Loiseau, « qui n'ont pas droit de se qua-« lifier bourgeois. »

Le droit de bourgeoisie, au moyen âge, constituait en effet un privilége qui n'était pas à la portée de la bourse du pauvre.

L'affranchissement des communes n'avait pas davantage mérité, à ce même point de vue, les bénédictions de la multitude, car « elle n'avait ni part aux honneurs de la cité, ni voix aux assemblées, en quoi consiste le droit de bourgeoisie, » ajoute le même Loiseau.

Ce n'était cependant point la bonne volonté qui manquait à ces manants et à ces serfs.

Ils ne laissaient pas échapper, eux non plus, l'occasion qui se présentait de s'affranchir autant que possible du joug.

C'est ainsi que nous les voyons fonctionner dans ce but, avec une colossale, mais malheureusement stérile énergie, aux diverses phases de notre histoire où les événements paraissent devoir mieux favoriser le succès de leur cause. Un jour, c'est la *jacquerie.*

Jacques Bonhomme bondit sous l'aiguillon de son injuste misère. Il oublie sa faiblesse, il oublie sa nudité, et se précipite contre ses oppresseurs armés jusqu'aux dents ou retranchés dans des forteresses. Alors, chefs et subalternes, amis et ennemis, tout se réunit pour l'écraser. Il fut percé à coups de lance, taillé à coups d'épée, meurtri sous les pieds des chevaux ; on ne lui laissa de souffle que ce qu'il lui en fallait pour ne pas expirer sur la place, *attendu qu'on avait besoin de lui.*

A la même époque, c'est l'insurrection à Paris.

Etienne Marcel, le prévôt des marchands, touché au fond du cœur des maux que les rois, la noblesse et le clergé font endurer iniquement à ce bon peuple de France, soulève les manants de Paris, et à leur tête, va frapper à mort les maréchaux de Champagne et de Normandie; il veut comprimer l'anarchie féodale, cause de tant de misères, et constituer à Paris une centralisation démocratique ; il envoie des secours aux *jacques* qu'on égorge et qu'on dépouille, forme une vaste association populaire, pour l'accomplissement de ses projets, donne un signe de ralliement à tous les habitants de Paris, dresse des barricades, harangue la foule dans les rues et sur les places et communique pour un moment à la population enthousiasmée les sentiments qui animaient les citoyens de Rome aux plus beaux temps de la république.

Il obtient le sort des Gracques, et les malheureux,

qui étaient tout à l'heure fiers de se laisser guider par lui, applaudissent à son lâche assassinat! « Le *peuple* avait senti, pour la première fois, la pesanteur du joug dont il était accablé; et, pour la première fois, à Paris, depuis l'origine de la monarchie des Francs, il essaya de le secouer. Une lutte s'engagea entre la classe des oppresseurs et celle des opprimés, entre celle qui détruit et *celle qui produit.* Cette tentative ne fut pas heureuse pour le peuple; mais elle prouva qu'il avait déjà le sentiment de ses droits et de sa triste condition; elle prouva qu'il était animé par *un esprit public* jusqu'alors inconnu dans cette ville (1). »

Bientôt, ce sont les *maillotins.*

Toujours écrasé d'impôts, réduit à la plus extrême misère, affamé, désespéré, le même peuple de Paris imite l'exemple des *jacques*; il s'émeut de nouveau, s'assemble aux environs du Grand-Châtelet, et l'un des assistants, un cordonnier, prend la parole en ces termes :

« Ne pourrons-nous jamais jouir en repos de nos biens? L'avarice des grands continuera-t-elle toujours à nous charger d'impôts, impôts que nous ne devons point, que nous ne pouvons payer, et qui excèdent nos revenus?... Bourgeois de Paris, on vous repousse des assemblées des notables; on ne veut point que vous participiez aux délibérations, et on vous demande arrogamment *quel droit a la terre de se mêler avec le ciel,* et pourquoi la lie du peuple ose inter-

(1) Dulaure. *Tableau de Paris.*

venir parmi les personnes riches!... Pour qui adressons-nous des prières, pour qui nous dépouillons-nous de nos biens? Pour des hommes qui en abusent. Nos biens servent à entretenir leur luxe, à payer leurs habits couverts d'or et de perles, à payer ces nombreux valets qui les suivent, à payer les frais des beaux palais qu'ils construisent. C'est pour ces vaines superfluités qu'ils accablent d'impôts la capitale du royaume..... La patience du peuple est poussée à bout... Je demande que les bourgeois prennent les armes; ils doivent mourir plutôt que de souffrir plus longtemps une telle oppression. »

La foule applaudit, et pour la première fois fait entendre le cri de : *Vive la liberté!* Le duc d'Anjou veut la calmer en la trompant : la colère du peuple éclate, il jure de mettre à mort tous les percepteurs de l'impôt, fait retentir les rues des cris de la révolte, enfonce les portes de l'hôtel de ville, s'y arme de *maillets* de plomb, délivre les prisonniers et déchire les procédures.....

Mais la tyrannie, grâce à la défection des bourgeois, parvient à comprimer bientôt l'insurrection, et d'innombrables quantités de têtes bourgeoises ou plébéiennes, tombent pendant plusieurs mois sous la hache du bourreau.

Puis, viennent les *cabochiens*.

Le peuple de Paris, de plus en plus affolé par les souffrances que lui fait subir l'iniquité de ceux qui le gouvernent, épiant toujours l'occasion de secouer le joug tyrannique qui pèse si lourdement sur lui, toujours prêt à se soulever contre le pouvoir qui l'écrase, se laisse entraîner par la faction du duc de Bourgogne et se lève contre les *armagnacs*. — A la suite de la défaite des maillotins, l'administration municipale avait été arrachée au prévôt des marchands et remise entre les mains du prévôt de Paris. Les franchises de la ville se trouvaient ainsi anéanties. Vingt-neuf ans s'étaient écoulés depuis ce coup d'État, lorsque Charles VI rétablit, le 20 janvier 1411, le prévôt des marchands et les échevins, et les réintégra dans les juridictions, prérogatives et revenus qu'ils possédaient anciennement. Mais cette mesure n'enlevait pas aux Parisiens l'exorbitant fardeau des contributions abusives dont ils étaient chargés. Leur impatience encore une fois débordait; Jean sans Peur eut l'adresse de la faire tourner contre ses ennemis. A son instigation et à celle de son agent, le chef des *écorcheurs*, SIMONET CABOCHE, « la classe inférieure » des habitants se soulève; le sire de *Jacqueville* et *Jean de Troyes* les conduisent; ils marchent contre l'hôtel Saint-Paul, en brisent les portes, parlent au roi et le déterminent à monter à cheval et à se mettre à leur tête. Un instant après, tous les insurgés arboraient sur leurs habits, pour signe de ralliement, la croix de Saint-André qui formait le blason du duc de Bourgogne. « On eût trouvé à Paris gens de tous estats, dit un témoin oculaire, comme moines, ordres mendiants, femmes, portant la croix de Saint-André... plus de *deux cent mille*, sans les enfants (1). »

(1) *Journal de Paris*, sous les règnes de Charles VI et Charles VII.

Il y eut des combats, des massacres, des pillages, des incendies et tous les maux qui accompagnent ordinairement la guerre civile...

A qui la faute?

A ceux qui, par leur égoïsme brutal, leur orgueilleux despotisme, leur scandaleuse immoralité avaient réduit le peuple à ces extrémités. Il est un moment où l'être le plus doux, de son naturel, devient féroce à force de vexations.

C'est ensuite la *Ligue,* avec ses conspirations, ses assemblées, ses processions, et dont Louis Blanc a si bien déterminé le caractère dans les lignes suivantes :

« Défendre le principe d'autorité pris dans son acception la plus générale et la plus élevée, le défendre dans son représentant spirituel, qui était le pape, et, s'il le fallait, contre son représentant purement temporel, qui était le roi, tel fut le but de la Ligue. Elle superposait l'Église à l'État. Or, dans cette conception logiquement développée, les rois n'avaient plus de droit imprescriptible et inviolable ; ils demeuraient soumis, comme le moindre de leurs sujets, à une règle religieuse qui servait de limite, de tempérament et de condition à leur pouvoir. Donc, en violant cette règle, ils devenaient indignes ; en se déclarant hérétiques, ils devenaient rebelles, et le peuple pouvait, il devait les renverser.

« De sorte qu'en partant de la souveraineté du pape, on aboutissait à la souveraineté du peuple.

« Et, en effet, la Ligue eut cela de remarquable qu'étant une croisade prêchée contre l'esprit nouveau d'alors, elle fut plus révolutionnaire que la révolution même qu'elle voulait arrêter.

« La ligue se trouva sur le chemin qui mène de Grégoire VII au Comité de salut public.

« Et les actes répondirent aux doctrines. Qu'on ouvre l'histoire de la Ligue et les écrits du temps : partout la théocratie mêlée au sentiment démocratique ; partout l'étroite et fougueuse alliance de l'homme du peuple et du prêtre. »

« L'agitation est partout : la parole enflammée jaillit aussi bien de la borne que de la chaire ; les manifestes, les proclamations se croisent et se heurtent ; les barricades se dressent, le peuple grouille sur les places et dans les rues ; il tient l'hôtel de ville, il enveloppe le Louvre, il chasse le roi. Puis la multitude élit un conseil ; la Sorbonne proclame la déchéance du monarque fugitif, et les *Seize* enferment le parlement à la Bastille. Il n'y a plus, en un mot, qu'une autorité vraiment souveraine, le Peuple !

« Cette fois, comme les autres, le peuple s'aperçoit un peu tard qu'il est dupe, abandonne la cause, *et* laisse aux *politiques* le soin de manger les marrons qu'on lui avait fait tirer du feu, en attendant que le faux bonhomme qu'on appelle le *Béarnais*, lui donne en compensation la fameuse *poule au pot* dont les Gabrielle et autres belles feront la digestion pour lui !

« Vient enfin la Fronde.

« Ici les ardeurs de la place publique affectent une expansion encore plus large, et, pendant quelque temps, le peuple croit toucher au but. Le parlement, la cour des aides et la cour des comptes se sont réunis pour opposer, une bonne fois, une digue au pouvoir absolu, et rien ne semble plus sérieux que l'objet de cette coalition. Elle demande, en effet, que, désormais, aucune taxe ne soit levée sans avoir subi son libre contrôle ; — que les tailles soient diminuées d'un quart, et que tout individu arrêté soit, passé vingt-quatre heures, rendu à ses juges naturels.

« Le peuple est ivre de joie. Il se lance dans la rue avec son impétuosité et sa confiance ordinaires ; il prête son puissant concours à la bourgeoisie et la fait triompher dans la fameuse journée des *Barricades*. Les conseillers Blancmesnil et Broussel, arbitrairement arrêtés, sont délivrés par lui. Les plus puissants de la noblesse et du clergé, Beaufort, le *Roi des halles*, Retz, le *coadjuteur*, sont dans son camp. L'aristocratique beauté même ne redoute plus ses haillons, et ne craint pas de combattre pour sa cause : les duchesses de Bouillon, de Longueville, de Chevreuse viennent apporter, pour lui, l'appoint de leurs charmes incomparables dans la balance des succès. Comment douter, dans de pareilles circonstances ? Aussi n'hésite-t-il pas, il marche, il marche jusqu'à faire capituler le trône et le forcer aux humiliations les plus cruelles devant le parlement, cette ombre de justice, d'indépendance et de liberté.

« C'était le rêve.

« Le réveil fut, comme à l'ordinaire, plein de tristesse et de deuil.

« Cette bourgeoisie perfide, avec laquelle le peuple, croyant qu'elle marchait d'une façon sincère dans les voies de l'émancipation générale et de l'égalité pour tous, avait fait alliance et prodigué les sacrifices, l'abandonne et le trahit au moment du triomphe !

« Mais qu'importe ? On savait maintenant de quel côté pouvait venir la résistance. La bourgeoisie restait convaincue d'une vérité redoutable, savoir : que son union avec le peuple déciderait, à la première occasion, du sort de la France, et mettrait fin au pouvoir absolu (1). »

Telle est à peu près, esquissée à grands traits, la physionomie du mouvement populaire depuis l'origine de la royauté jusqu'à Louis XIV.

C'est ainsi que nos aïeux, restés quand même fidèles au principe de liberté, seule base solide d'une société rationnelle, s'efforcèrent d'arriver, soit par les faibles moyens légaux laissés à leur disposition, soit par la voie des conquêtes violentes, à la récupération des droits de l'humanité, dont la consécration solennelle devait être proclamée par la Révolution de 1789.

C'est à cette époque que nous allons voir pour la première fois, depuis l'invasion des Francs, le droit de réunion qui n'a cessé de s'affirmer, — tantôt d'une façon incomplète avec les libertés du municipe, les assemblées du champ de mai, l'affranchissement des communes, la création des États généraux, tantôt d'une manière plus absolue, mais passagère, avec les effervescences tumultueuses et sanglantes de la place publique, — fonctionner, dans toute sa plénitude, sous l'égide de la loi et d'une constitution nationale.

(1) Louis Blanc. *Histoire de la Révolution.*

IV

LA GRANDE RÉVOLUTION. — LES JACOBINS. — LES CORDELIERS. — LA COMMUNE DE PARIS.

Nous avons vu, pendant la période qui se développe à partir de l'invasion des Francs dans la Gaule jusqu'au règne de Louis XIV, la souveraineté populaire, se traduisant, d'abord par les assemblées du champ de mai, luttant victorieusement ensuite, par les communes, contre les étreintes mortelles de la féodalité, retrouver un peu de souffle avec les États généraux. De là à ce que nous appelons le droit d'association, qui est la pierre de touche de la liberté publique, il y a sans doute bien loin. Néanmoins, il est impossible de méconnaître, dans l'organisation des communes par exemple, une manifestation de ce droit, de même que les assemblées électorales au troisième degré, qui servaient de base à la formation des États généraux, bien que n'étant qu'une mutilation de ce droit, n'en attestent pas moins l'existence et la nécessité. Çà et là, et au fur et à mesure de l'affranchissement de l'esprit public, nous avons rencontré quelques insurrections, énergiques protestations, soit de la part de la bourgeoisie insuffisamment représentée, soit de la part du peuple radicalement exclu, contre l'iniquité de la formule sociale. Mais, en dépit de tout, et sous l'influence de la libre pensée se faisant de plus en plus jour par le droit consenti ou par le droit naturel, la force, la nation française a grandi au point de dominer déjà le monde. Nous sommes en ce moment sous le règne de Louis XIV. L'expansion de la liberté, sous ce Néron solennel, — dont toute l'initiative personnelle paraît s'être concentrée dans l'invention de nouvelles perruques, — l'expansion de la liberté, disons-nous, fait un temps d'arrêt. L'énergie populaire baisse et tombe, mais pour se relever plus vaillante et plus forte, à la voix de la philosophie, sous le règne crapuleusement assoupi de Louis XV, cet Héliogabale bourgeois qui flotta trop longtemps, en attendant « le déluge », entre le Parc-aux-Cerfs et la bulle *Unigenitus*. Le déluge vint, en effet, et le manqua d'un peu, mais il submergea son successeur, et, avec lui, s'écroula tout l'échafaudage tyrannique du passé. Alors, fleurirent pour la première fois, en France, les beaux jours de la place publique et de la souveraineté populaire; alors, s'ouvrit, avec la liberté illimitée du droit de réunion, c'est-à-dire le peuple immense inondant le pavé, allant, venant, délibérant, discutant, votant, exécutant, agissant, vivant enfin, une ère de régénération d'une telle puissance, d'une telle expansion et d'une telle fécondité, que la face entière du monde s'en trouva changée. Alors commença, pour la nation française, avec l'âge de la virilité, cet apostolat glorieux et sanglant à travers l'Europe, qui l'a placée si haut dans l'estime des peuples, qu'en dépit de ses défaillances ultérieures et de son abaissement actuel elle est restée encore à leurs yeux comme le Sinaï d'où sortira un jour, au milieu des éclairs et du tonnerre, la loi nouvelle de l'humanité.

Retracer, pendant cette époque de notre grande révolution, les incessantes manifestations du droit de réunion, ce serait purement et simplement écrire l'histoire elle-même de la Révolution. Aussi laissant de côté ces immortels épisodes qui s'appellent, dans cette histoire, le rappel de Necker, le serment du Jeu de Paume, l'affaire des gardes françaises au Palais-Royal, la prise de la Bastille, la Déclaration des droits, les journées des 5 et 6 octobre, les deux fédérations, l'attaque des Tuileries, le 10 août, etc., etc., nous nous attacherons uniquement à ce côté particulier et nouveau de la pratique du droit de réunion qui se traduit par des assemblées partielles sous le nom britannique de *clubs* :

« Le nom de *club* (massue), dit Daniel Stern, fut pris, au temps de la lutte des têtes rondes et des cavaliers, par les premières assemblées populaires qui se formèrent à Londres, dans le but de terrasser la monarchie. Plus tard, en changeant d'acception, le mot passa dans le vocabulaire de la royauté représentative. L'engouement de la noblesse française pour les modes britanniques et l'admiration de nos hommes d'État pour les mœurs politiques de l'Angleterre préparèrent l'introduction des clubs en France. »

La double représentation du tiers aux États généraux de 1789 avait rencontré une énergique opposition, dans plusieurs provinces, de la part de la noblesse et du clergé. Dans la Bretagne, notamment, la noblesse et le haut clergé préférèrent ne pas nommer de députés plutôt que de souffrir au tiers la duplication prescrite dans le rapport de Necker du 27 décembre 1788. Mais les curés bretons ne crurent pas devoir s'associer à cette opiniâtreté. Ils firent donc leurs choix, et le nombre de leurs représentants vint augmenter le tiers état à l'assemblée générale. Avant que de se séparer, la plupart des assemblées de province avaient établi des espèces de comités avec lesquels devaient correspondre leurs députés pour les tenir au courant de ce qui pourrait se produire à Versailles, pendant la tenue des États, et prendre leurs avis sur telle ou telle question qui serait de nature à les intéresser d'une manière particulière. Ces comités furent, en province, comme des cadres tout préparés pour les clubs qui devaient se former bientôt après.

Le premier, se créa à Versailles, autour des députés de Bretagne, qu'à raison de ce que nous venons de dire au sujet de l'opposition de la noblesse et du haut clergé, les députés des autres provinces s'empressèrent, à leur arrivée, d'aller féliciter de leur fermeté et de leur victoire. « Des premiers compliments on passait aux questions qui occupaient alors les esprits ; on recherchait quelle était l'étendue de la souveraineté, si elle appartenait tout entière au roi, et quelle part le peuple pouvait y prétendre. » Il en résulta de vraies conférences, auxquelles, pour être admis, il fallait faire preuve de ce qu'on a appelé ensuite *patriotisme*, c'est-à-dire de dévouement à la cause du peuple, qui est la cause de la patrie elle-même. On donna à ces réunions le nom de *club breton*. Ce club se fortifia en peu de temps d'un grand nombre de membres d'opinions avancées, tels que Barnave, Rabaud de Saint-Étienne, Pétion, Buzot, qui lui imprimèrent un cachet de plus en plus révolutionnaire, si bien que, l'Assemblée nationale ayant suivi le roi à Paris, le club breton l'y accompagna et s'installa dans l'ancien couvent des Jacobins, où il devint le noyau de la fameuse société de ce nom. Ce couvent des Jacobins, par une coïncidence qui n'avait peut-être rien de fortuit, était précisément le local qui, dans la rue Saint-Honoré, avait servi aux assemblées de la Ligue ; l'on sait que, de cette Ligue, était émané le premier exemple de tyrannicide en France.

Les clubs, au milieu d'une population effervescente, ne tardèrent pas à se multiplier dans la capitale, où ils finirent par prendre petit à petit la direction des affaires.

Au commencement de 1790, il venait de s'en former un sous le nom de *Cercle social*, ou *Bouche de fer*, dont les premières séances eurent lieu dans un local de la rue du Théâtre-Français. A la porte de ce local, se trouvait appliquée une boîte en fer, dans laquelle le public était invité à jeter tout ce qui pouvait lui venir à l'esprit pour le bien de la chose publique. Un des membres de la société avait la clef de cette boîte, qu'il ouvrait une fois par jour pour vérifier le contenu des lettres, mémoires, avis qu'on y avait déposés. Cette *levée* et ce dépouillement se faisaient en présence du *Cercle social*. On jetait au feu tout ce qui était indigne de fixer l'attention, et le reste était publié dans un journal fort répandu de la société, ayant pour titre, comme elle, *la Bouche de fer*.

Le club de la Bouche de fer prit en peu de temps une grande extension, et il dut quitter son local de fondation pour aller tenir ses séances au Cirque du Palais-Royal. L'inauguration de la nouvelle salle fut faite par l'abbé Fauchet, qui était un des principaux orateurs de l'assemblée. Esprit exalté et quelque peu chimérique, il avait conçu pour son cercle une idée à peu près analogue à celle d'Anacharsis Clootz pour Paris et l'Assemblée nationale. Il proposa d'associer au cercle social tout l'univers et de substituer au titre de *Bouche de fer*, celui de *Fédération universelle des amis de la vérité*. Il ne s'agissait ni plus ni moins, dans ce projet, que d'enseigner à tous les hommes de la terre réunis, par délégation, au *cercle central* ou plutôt à la *Fédération universelle* les mêmes principes, les mêmes vérités, et de les fondre ainsi en une seule et même famille sous la triple et sainte formule de la liberté, de l'égalité, de la fraternité.

C'était, en germe, la république universelle d'Anacharsis Clootz, avec Paris pour capitale.

« La nature, disait Clootz, semble avoir prédestiné Paris à ce grand rôle. Paris est placé à une égale distance du pôle et de l'équateur. Ici s'assembleront les États généraux du monde... Cela n'est pas si loin qu'on croit, j'ose le prédire. *Que la tour de Londres s'é-*

croule comme celle de Paris, et c'en est fait des tyrans.

« L'oriflamme des Français ne peut flotter sur Londres et Paris sans faire bientôt le tour du globe. Alors il n'y aura plus ni provinces, ni armées, ni vaincus, ni vainqueurs..... On ira de Paris à Pekin comme de Bordeaux à Strasbourg; l'Océan, ponté de navires, unira ses rivages. L'Orient et l'Occident s'embrasseront au champ de la Fédération. Oui, plus je réfléchis, plus je conçois la possibilité d'une nation unique dont l'Assemblée siégera à Paris pour mener le char du genre humain. »

Rêve, si l'on veut, mais beau rêve assurément!

Pourtant la ténacité avec laquelle l'esprit humain s'est accroché à ce rêve porterait à croire qu'il n'est point absolument irréalisable.

C'est ce même rêve, qu'après Anacharsis Clootz, Raspail, un homme pratique, a caressé, lui aussi :

« L'Europe, écrivait-il, en 1848, sera un jour une agrégation naturelle de diverses républiques aussi nombreuses que ses grands bassins, dont les circonscriptions ne seront plus mensongèrement tracées par la haine des castes et par l'usurpation des conquérants, mais seulement par les fleuves et les montagnes, limites que la main de l'homme ne saurait déplacer. République de castes, comme notre *république modèle* en est une de citoyens, elle ne sera proclamée et la nôtre ne sera définitivement organisée que lorsqu'il n'existera plus une seule royauté sur le continent. Elle s'appellera alors *Congrès européen ;* son siége se tiendra à *Prague.*

« Quand l'Europe aura donné au monde l'exemple

solennel de ce retour vers le premier état de la société, tout l'univers suivra son impulsion et ne sera plus qu'une agrégation sociale de continents républicains; il se nommera *l'Humanité;* le siége de son gouvernement sera dans une île tempérée du grand Océan, aux Canaries ou aux Açores.

« Ce règne de tous par la concorde sera si beau, que les rois par le ventre de leur mère ou par le sabre de leurs soldats, revenant comme d'un accès de folie, se sentiront fiers et se trouveront heureux d'entrer, comme un simple atome, dans ce tourbillon universel; ils s'honoreront d'être citoyens, afin de se croire faits à l'image de Dieu comme le reste des hommes. »

Et, n'est-ce pas aussi à la réalisation de ce rêve qu'il faut rattacher la fondation du *Congrès des amis de la paix?*

Il est bien peu de choses impossibles à des peuples animés de bonne volonté et qui finissent par s'entendre!

Revenons à la *Bouche de fer.*

Fauchet continua à y développer pendant quelque temps les principes de la fédération universelle, puis il fut remplacé à la présidence par Goupil de Préfeln. En même temps les fonctions de secrétaire furent déléguées à Barrère et au général Lapoipe. Ces changements avaient pour objet d'imprimer à la société une activité plus positive, devenue nécessaire par la marche des événements; mais, alors, des bouches plus hardies s'ouvrirent et étouffèrent la voix de la *Bouche de fer.*

Ces bouches étaient celles des *Jacobins* et des *Cordeliers*.

La *Société des Jacobins* avait pris d'abord pour titre : *Société des droits de l'homme*. Son but était de recevoir les plaintes des patriotes contre les abus du pouvoir, les atteintes portées aux droits de l'homme, et de les dénoncer au tribunal de l'opinion publique. Dufourny en était le président; Dulaure, l'auteur du *Tableau de Paris*, le secrétaire. Mais le nom de l'ancien couvent où se tenaient les séances prévalut, et la *Société des droits de l'homme* ne fut plus désignée que par ces mots : *les Jacobins*. L'amour du peuple et des institutions républicaines était l'esprit qui animait exclusivement cette association, et lui donnait au dehors une grande puissance. Hommes, femmes, enfants, vieillards se pressaient aux tribunes du club pour entendre la parole de ses principaux orateurs, dont les doctrines se répandaient ensuite par toute la France, au moyen des sociétés affiliées qui s'étaient formées bientôt dans chaque ville de province et jusque dans les villages les plus reculés. Les plus célèbres de ces affiliations furent celles de Marseille et de Bordeaux, où les Barbaroux, les Vergniaud, les Mailhe, les Guadet et les Gensonné préludaient aux grandes luttes oratoires qu'ils devaient plus tard soutenir à la Législative et à la Convention.

Robespierre était l'âme des jacobins.

Cette réunion avait aussi son journal, qui enregistrait chaque jour les débats de la société, les avis, les réclamations et même les dénonciations qui arrivaient de tous les coins de la France. Les séances avaient lieu soit de jour soit de nuit. Elles commençaient toujours par quelque hymne révolutionnaire, chanté à l'unisson par les membres du club et par le peuple des tribunes, et dont l'effet saisissant exaltait les esprits, électrisait tous les cœurs. Puis, on lisait la correspondance et l'on agitait la question à l'ordre du jour, celle même qui devait être portée le lendemain à la tribune de l'Assemblée nationale ou qui venait d'y être discutée.

L'influence des jacobins ne s'exerçait pas seulement sur la France. La société avait encore des missionnaires dans toutes les parties de l'Europe, où leur propagande préparait le succès des armées républicaines.

Nette dans ses principes, inflexible dans ses résolutions, ne perdant jamais de vue le but qu'elle s'était assigné, c'est-à-dire la fondation et le maintien de la république démocratique, la société des jacobins, par son audace et son énergie, força plus d'une fois la main à l'assemblée des députés de la nation et contribua dans une large mesure à l'arrêter sur la voie de la réaction, comme aussi à la pousser aux mesures révolutionnaires dont elle n'aurait jamais osé prendre l'initiative, ni la responsabilité.

C'est ainsi que le roi de Suède ayant été assassiné, les jacobins allèrent jusqu'à décerner à celui qui l'avait frappé les plus sympathiques et les plus éclatantes félicitations, avec le surnom de *Brutus suédois ;* Jean de Bry fit en même temps la proposition de lever une légion de tyrannicides.... Par là, on préparait l'opinion publique et l'esprit des représentants du peuple au grand drame qui devait se dénouer sur la place de la Révolution en faisant tomber la tête de Louis XVI sous le couperet de la guillotine.

A côté du club des jacobins s'était formé le club des cordeliers, dans l'ancien couvent de cet ordre où Étienne Marcel avait lui aussi, jadis, harangué et excité le peuple contre la tyrannie.

Les membres influents de cette réunion s'appelaient Marat, Danton, Rossignol, Chaumette, Hébert, Clootz, Vincent, Camille Desmoulins, Momoro, etc. Il y avait entre les jacobins et les cordeliers, cette grande différence que les premiers, s'attachant davantage à la forme, avaient surtout pour objectif une *république* autoritaire, tandis que les autres, plus généreusement inspirés, plus réellement égalitaires et fraternels, poursuivaient principalement une *révolution* sociale dans toute l'acception et l'énergie du mot. En même temps, on peut dire que les jacobins se complaisaient mieux à planer dans le domaine des idées, des théories, tandis que les cordeliers, entraînés par une indomptable ardeur, par la fièvre de leurs convictions, étaient toujours prêts à exécuter ce que dictait la pensée et à s'élancer dans le domaine de l'action.

A côté de ces deux clubs, les plus puissants sur l'esprit des masses, il s'en était fondé un grand nombre d'autres, révolutionnaires ou réactionnaires, républicains ou monarchiques.

Le *club des Impartiaux* comptait au nombre de ses fondateurs le duc de la Rochefoucauld, MM. de Lafayette, de Latour-Maubourg, de Liancourt, Malouet de Virieu, l'évêque de Nancy, de Lacoste, le chevalier de Boufflers, de Lachaise, Rhedon.

Ces bons *impartiaux* s'étaient donné pour mission de rapprocher les partis, de concilier les intérêts, de faire régner, à la place des passions, l'union et la concorde. C'était un rêve aussi. Par les temps d'orages politiques, le mot *impartialité* se traduit par *absence de convictions*, *désertion*, *lâcheté*. C'est moins une froide sagesse, une prudente pondération qu'il faut alors, que la passion et l'énergie, ces conditions essentielles de la lutte; aussi les efforts des *impartiaux* restèrent-ils complétement infructueux, et leur association, dénuée d'influence, ne tarda-t-elle pas à se dissoudre.

Le club monarchique des *Feuillants*, ou *club royaliste*, avait été fondé par Bailly, Lafayette et Siéyès, dans l'ancien couvent des Feuillants, situé aussi rue Saint-Honoré, comme le club des jacobins. Mais le peuple ne reconnaissait déjà plus d'autre souverain que lui-même, et le mot de *royaliste* sonnait fort mal à ses oreilles. C'est dire qu'il n'encombrait pas les tribunes des *Feuillants*. Après deux ans d'existence, pendant lesquels cette réunion ne laissa pas que de faire parler d'elle, le club des Feuillants, devenu un foyer de conspiration réactionnaire, dut être fermé par un décret de l'Assemblée législative.

Les femmes aussi avaient leurs clubs, où péroraient les Olmype de Gouges, les Rose Lacombe, les Théroigne de Méricourt.

Ce fut à une députation du club présidé par Rose Lacombe, que Chaumette adressa cette foudroyante apostrophe :

« Depuis quand, dit-il à ces exaltées, est-il permis

d'abjurer son sexe? Depuis quand est-il décent de voir des femmes abandonner les soins pieux de leurs ménages pour venir dicter des lois sur les places publiques, dans les tribunes aux harangues, à la barre du sénat? Est-ce aux hommes que la nature a confié les soins domestiques? nous a-t-elle donné des mamelles pour allaiter nos enfants?..... Femmes impudentes qui voulez devenir hommes, restez ce que vous êtes; votre despotisme est le seul que nos forces ne puissent abattre, parce qu'il est celui de l'amour, et par conséquent l'ouvrage de la nature : laissez-nous les travaux pénibles, les périls d'une vie orageuse; contentez-vous de nous les faire oublier sous le toit domestique, en nous montrant nos enfants heureux par vos soins. Rappelez-vous cette femme hautaine d'un époux sot et perfide, la *Roland*, qui se crut propre à gouverner la République; cette impudente *Olympe de Gouges*, qui la première institua des sociétés de femmes, qui abandonna son ménage pour se mêler de politique : leurs têtes ont tombé sous le fer vengeur des lois. Est-ce aux femmes à faire des lois? à se mettre à la tête de nos armées? S'il a existé une Jeanne d'Arc, c'est qu'il a existé un Charles VII, un roi qui n'avait pas la tête d'un homme. »

Le club des dames de la place Maubert cita à comparaître par-devant leurs bonnets rouges les professeurs du collége de France, pour leur faire rendre compte de leurs doctrines.

« On vit, dit de Salgues, paraître à leur barre l'abbé Delille, le professeur Gail, et le professeur Dupuy, du collége des Grassins. L'esprit et la gaieté de ce dernier sauva ses collègues. Il fit à la présidente, grosse femme, grasse, rouge et suante, un compliment dont la courtoisie ravit toute l'assemblée ; il obtint la permission de l'embrasser, et les honneurs de la séance. Ses doctrines furent trouvées très-bonnes. Le grec du professeur Gail et les poésies de l'abbé Delille furent réputés très-civiques, et les professeurs retournèrent chez eux pleins de reconnaissance pour la bonne humeur de leur confrère, Dupuy. »

Puis il y avait les *sections*, et au-dessus de tout cela, la Commune de Paris, aux résolutions foudroyantes, à la surveillance terrible, aux séances formidables, dont notre ami, G. Tridon, avec une éloquence digne d'elle, a décrit ainsi les éléments et la physionomie :

« Ils ne sont point dans la salle du Manége ou sous les lambris des palais, les futurs vainqueurs de la Bastille, hommes de juin et d'août, tronçons de la grande commune : l'athlétique Saint-Hurugue, l'huissier Maillard, qui va sommer le roi jusque dans son Versailles; le brasseur Santerre, à la voix de Stentor; Marat, l'homme de la fureur et de la justice; le beau Polonais Lazouski, commandant les canonniers de Saint-Marcel ; le mystérieux Gusman, les jeunes Varlet et Rossignol, les Hébert, les Momoro et les Chaumette, apôtres prédestinés de la Raison.

« Ce qui distingue ces âpres lutteurs de la cohorte des illustres, c'est qu'altérés de justice et de réparation, ils mettent sans hésiter la main à la besogne.

« Les dieux de l'olympe politique restent cachés

dans leur nuage. Ces enfants perdus de l'idée, cerveaux brûlés de la fièvre patriotique, poussent les événements et forcent la main à la fortune.

« Ils sont au Palais-Royal, lorsque le Camille Desmoulins de 89 pousse son brûlant appel aux armes. Le 17 juillet, tandis que Danton et Legendre déjeunent à Fontenay, ces obscurs, ces fous vont au Champ-de-Mars signer la pétition de déchéance, que signera tout à l'heure le sang du peuple. Echappés aux balles bourgeoises, ils élèvent à leur tour le drapeau rouge, « loi martiale du peuple, proclamée « contre la rébellion du pouvoir exécutif. » A leur voix, les sections vont bientôt prouver au roi inviolable la vanité de son *veto,* et les ménagères parisiennes coifferont le petit-fils de saint Louis du rouge bonnet de liberté.

« Avertissement inutile! chimère de conciliation! Brunswick se déclare le vengeur des souverains outragés dans Louis XVI, le royalisme trahit et menace, les ulémas de la Vendée prêchent la guerre sainte, Roland veut fuir jusque derrière la Loire, et l'Assemblée, aplatie par la peur, subit les impertinences de Lafayette. C'est au peuple encore à se sauver lui-même. Il parle en ces jours de péril par l'organe du fougueux Danton. Au son du tocsin des cordeliers, qui jette sur Paris son glas vengeur, chaque section envoie à l'hôtel de ville trois commissaires insurrectionnels avec des pouvoirs illimités. La faible Commune de Pétion s'évanouit comme un songe. Une forêt de haches, de sabres et de fusils, un flot de colère et de justice roule vers les Tuileries, en broie les défenseurs, et jette aux pieds de l'Assemblée législative la royauté pantelante.

« Paris, ce grand corps, trouve sa tête puissante dans la Commune du 10 août et de 93, la Commune d'Hébert, de Marat et de Chaumette. En ces jours seuls, courte échappée, le peuple, la plèbe, la populace (choisissez), roi toujours en esclavage ou en tutelle, régna par lui-même, et, dégoûté des empiriques, fit son vigoureux coup d'essai. Le gouvernement de ces rudes esprits, c'était la lutte sans trêve, la lutte jusqu'à ce qu'il ne restât plus debout un abus ni une erreur. Les hommes vaincus, ils s'attaquèrent aux idées. La royauté, les girondins détruits, ils voulurent abattre la tyrannie spirituelle, l'hypocrite oppression des âmes.

« Rien dans l'antiquité ni dans l'ère moderne, dans l'Agora ni dans le Forum, qui puisse donner une idée des séances de la grande Commune, cette gloire éternelle de la plèbe.

« Les magistrats de Paris siégent dans la salle Saint-Jean, réservée à tant de tempêtes. Le bonnet rouge, le bonnet du paysan, du forçat et de la liberté, est sur leurs têtes; la carmagnole, la souquenille du manœuvre, est leur vêtement; ils portent des sabots, car l'armée manque de chaussures. Plus loin s'étendent les tribunes remplies d'ouvriers de la Grève, de délégués clubistes ou sectionnaires, de femmes et d'enfants avec la cocarde tricolore, foule affamée et défiante, qui garde de ses mille bras et observe de tous ses yeux les chefs de son choix. »

L'influence des réunions publiques tomba, au 9 thermidor.

C'est à cette influence que la Révolution était redevable de toutes les grandes choses qu'elle avait accomplies.

L'Assemblée nationale, la Législative et la Convention ne furent que les instruments plus ou moins dociles des deux sociétés des jacobins et des cordeliers, auxquelles la France entière, la France démocratique, était affiliée.

A partir du jour où cesse cette influence, la contre-révolution triomphe, et la grandeur nationale périclite.

Il n'y a qu'un pas du 9 thermidor au 18 brumaire.

La liberté alors, pour nous servir de l'expression d'Auguste Barbier, s'est faite *cantinière.*

Le peuple chassé de la place publique s'est réfugié dans les camps, où il se démoralise.

Le soldat succède au citoyen.

« Rome n'est plus dans Rome. »

Courbez-vous, esclaves, et place à César !

électorale. La monarchie de Juillet périt pour n'avoir pas su accepter l'ultimatum que lui posait le pays ; mais, et ceci importe, le pays avait pu exiger, parce qûe les citoyens avaient pu se réunir.

Après la chute de la royauté viennent les clubs, formule naturelle du droit de réunion sous un gouvernement libre.

Nous étudierons successivement ces phases diverses, et spécialement le mouvement des clubs en 1848, sous cette République bien intentionnée qui, grâce au droit de réunion, sut poser les questions sociales, mais, qui n'eut pas le temps de les résoudre. Viennent ensuite les lois réactionnaires fermant les clubs, lois votées par une majorité peureuse, à laquelle le développement des institutions républicaines répugnait ; puis, le déclin de la jeune République se dessine avec la suspension prétendue provisoire des réunions publiques ; et enfin la volonté d'un seul impose le silence à tous et obtient ainsi raison de tous.

Nous entrons ici sur le terrain brûlant des choses contemporaines; nous le franchirons rapidement pour arriver à la loi de 1868 qui, après le long sommeil des populations silencieuses, a rouvert les réunions publiques, mais en excluant de la discussion les questions vitales, celles relatives aux matières politiques et religieuses.

C'est une loi pleine de réticences et de piéges, qui donne et retire, laisse subsister l'arbitraire, transitoire sans doute et très-insuffisante, mais qu'il faut utiliser. Tel est l'espace à parcourir.

V

LA CHAMBRE DE 1827. — LA CONGRÉGATION. — LA SOCIÉTÉ : AIDE-TOI, LE CIEL T'AIDERA.

Dans l'histoire contemporaine le droit de réunion s'est affirmé sous des formes diverses.

Ce furent, sous la Restauration, des associations politiques d'une organisation savante, publiques, puisqu'elles existaient au vu et au su de tous, quelque peu souterraines par leurs agissements, sortes de compromis entre le club et la société secrète, et participant des deux.

Le droit de réunion s'impose; sous une législation étroite, il brise la loi ou l'élude. Ces associations l'éludaient, ou à proprement parler passaient à côté d'elle. C'est ainsi qu'au travers des mailles de l'article 291 du Code pénal, la société *Aide-toi, le ciel t'aidera* sut se faire jour; elle était merveilleusement organisée pour la propagande, composée d'hommes convaincus, dirigée par des chefs énergiques. Par son expansion elle se rendit maîtresse des élections, dont sortit la chambre de 1827, qui engagea contre la Restauration une lutte où celle-ci devait périr.

On sait comment à son tour succomba la monarchie de Juillet, ce que furent les banquets nés du droit de réunion, au sein desquels fut réclamée la réforme

Un des côtés intéressants de la Restauration est bien certainement dans ces agitations complexes de sociétés politiques, à courants contraires.

Nous laisserons à dessein de côté le carbonarisme; les sociétés secrètes ont eu leur rôle; mais l'objet de cette étude est le droit de se réunir au grand jour, les épreuves qu'a subies ce droit et l'avenir qui lui est réservé.

Nous l'avons dit et nous y revenons, l'article 291 avait des mailles un peu larges heureusement.

On n'avait pas tout prévu. — La pensée du législateur de 1810 avait bien été de proscrire les clubs et toutes réunions dans lesquelles les citoyens pourraient se rassembler librement pour discuter les affaires publiques; mais pour qu'une association tombât sous ses dispositions prohibitives, il fallait d'abord que l'on fût plus de vingt, puis deux choses encore : la première, que l'association formât un tout homogène; la seconde, que l'association eût des réunions et que ces réunions, fruit de l'association, se tinssent d'une manière régulière et à des jours déterminés.

Rien n'était plus facile que d'éluder ces dispositions; il suffisait que l'association, quel que fût le nombre de ses membres, se morcelât, sans lien apparent entre les différents tronçons, pourvu que chacun d'eux ne se composât pas de plus de vingt personnes. —Le morcellement brisait en apparence le lien d'association, et l'association était sauve.

Il suffisait encore de ne se réunir qu'accidentellement, en quelque nombre que ce fût d'ailleurs. Voici au surplus le texte même de cet article 291 :

« Nulle association de plus de vingt personnes, dont « le but sera de se réunir tous les jours ou à de « certains jours marqués, pour s'occuper d'objets re- « ligieux, littéraires, politiques ou autres, ne pourra « se former qu'avec l'agrément du gouvernement et « sous les conditions qu'il plaira à l'autorité publique « d'imposer à la société. »

Le but est évident : on voulait proscrire les clubs ; était-il atteint ? — En fait, oui, dans la plupart des cas, en ce sens que dans toute réunion nombreuse on pouvait trouver les éléments d'une association politique; mais s'il était impossible de rattacher la réunion à une société de ce genre, si elle n'était pas périodique il fallait bien la respecter, sauf à tomber dans l'arbitraire, quelque nombreuse d'ailleurs qu'elle fût, et la loi permettant de s'associer vingt, on pouvait avoir un noyau directeur, un comité de vingt personnes pour donner par circulaires ou verbalement impulsion aux foules dans un but commun.

Le droit de se réunir lutte fatalement contre les textes qui le restreignent parce que ces restrictions légales sont contre-nature.

M. Guizot disait de l'article 291 :

« Il est mauvais, il ne doit pas figurer éternellement, longtemps, si vous voulez, dans la législation d'un peuple libre. Sans doute les citoyens ont le droit de se réunir pour causer entre eux des affaires publiques ; même il est bon qu'ils le fassent, et jamais je ne contesterai ce droit ; mais l'article 291 n'en est pas moins écrit dans nos lois, quelque vicieux qu'il soit. »

L'article 291, vit encore ; la loi de 1868 ne nous

en a pas affranchis. Comment fut il combattu à cette phase de notre histoire contemporaine, qui s'appelle la Restauration? Voilà ce dont il faut nous rendre compte en jetant un coup d'œil sur cette époque si proche de nous, et si différente de la nôtre, cependant.

La première manifestation politique de la Restauration est du 3 mai 1818. A la même heure où Louis XVIII, aux Tuileries, recevait les félicitations de tous les corps de l'État à l'occasion du quatrième anniversaire de sa première entrée à Paris, quatre cents citoyens, pour la plupart électeurs (c'est-à-dire payant le cens) et appartenant aux lettres, au négoce, à la banque, au barreau et à l'ancienne armée, se réunissaient dans un banquet, boulevard de l'Hôpital, au lieu dit l'Arc-en-Ciel.

Le but au moins apparent de cette réunion était de donner, avant la séparation de la Chambre, un témoignage de gratitude et d'estime à plusieurs députés qui, dans la session de 1817 à 1818, avaient soutenu vaillamment les droits de la presse. Voici comment s'était organisé ce banquet politique :

Dès 1817, à la suite de condamnations rigoureuses contre la presse, des avis imprimés, répandus dans le public, avaient annoncé que vingt personnes notables, entre autres MM. de Broglie, d'Argenson, Laffitte, B. Constant, Ternaux, venaient de former une association ayant pour but d'obtenir l'abrogation des lois d'exception sur la presse et sur la liberté individuelle, et de se rendre solidaires, par voie de souscription, des condamnations encourues par les écrivains.

Ces circulaires amenèrent des souscripteurs, mais en petit nombre, et le groupe des vingt fondateurs avait vu dans l'idée d'un banquet pour fêter les députés libéraux un moyen de donner l'élan à l'association, restée jusque-là impuissante. Le banquet du 3 mai 1818 fut une explosion libérale; il réalisa et au delà l'espérance de ses organisateurs. Une fois l'élan donné, l'association devint fort nombreuse et reçut une constitution régulière, définitive. Ce fut alors qu'elle se baptisa : *Société des amis de la presse*. Le but plus général était de résister aux prétentions des poursuivants de l'ancien régime. MM. de La Fayette, Dupont (de l'Eure), Voyer-d'Argenson, Merillou, P.-L. Courrier, Rey, J.-B. Say, Manuel, s'empressèrent d'y entrer comme pour rassurer les timides.

La societé avait des listes de sociétaires, des registres de cotisation et des procès-verbaux de délibération; un comité particulier en avait la direction occulte. Composé d'une vingtaine de membres (toujours le nombre 20), ce comité se réunissait avant chaque séance et arrêtait les mesures qui devaient être proposées à l'assemblée générale, ainsi que les matières à discuter. Ces matières étaient habituellement les questions politiques alors soumises aux Chambres ou celles que les ministres se préparaient à leur présenter. — On voit qu'en souvenir des clubs de la Révolution, quoique avec moins d'intensité, les réunions des *Amis de la liberté de la presse* entendaient exercer une pression sur l'Assemblée legislative.

Quant aux moyens d'action, ils consistaient surtout en adresses et en pétitions sollicitées sur tous les points du royaume, et dans lesquelles des milliers de citoyens réclamaient de la Chambre des députés, suivant la circonstance, la réforme du jury et son application aux délits de presse, le maintien de la loi des élections, la liberté des journaux ou le rappel des bannis. Aucun mystère n'entourait les séances de la société générale; elles étaient, en réalité, publiques; le ministère y avait ses agents, même ses sténographes. Pendant un temps, sa tolérance put même passer pour une sorte de protection tacite. Il est vrai qu'à un moment donné, lors de la substitution du ministère Decazes au ministère Richelieu, le nouveau cabinet avait trouvé dans l'association un appui inattendu. Voici comment :

La loi du 5 février 1817, œuvre de M. Laisné, avait organisé un système électoral très-judicieux pour l'époque et très en rapport avec la Charte.

Tout Français jouissant des droits civils et politiques, âgé de trente ans accomplis et payant 300 francs de contributions directes, était appelé à nommer les députés.

Le suffrage direct était ainsi organisé par cette loi, au lieu du suffrage à deux degrés préexistant.

Les ultra qui considéraient Louis XVIII comme un révolutionnaire, et dont la devise était : *Sauver le roi quand même*, voulaient briser cette loi électorale qui avait le tort de faire passer l'élection des mains des grands propriétaires entre celles de la classe moyenne. Pour eux, un tel système, c'était la révolution triomphante. Les temps ont marché depuis, mais, à cette époque, la loi de février 1817 était un progrès et un acte de bravoure ministérielle.

Quoi qu'il en soit, cette loi votée, puis mise en pratique, avait, au renouvellement de la Chambre par cinquièmes, apporté à deux reprises, au sein de l'Assemblée, un élément nouveau, *les indépendants*, au détriment des ministériels et surtout des ultra. La Chambre des pairs s'émut.

Un de ses membres, M. Barthélemy, ancien directeur sous la République, sénateur et comte sous l'Empire, puis, sous la Restauration, par voie d'échange, pair et marquis, fit voter par la haute Chambre, convaincue et gagnée à l'avance, une proposition qui se formulait ainsi :

« Le roi sera humblement supplié de proposer aux Chambres une loi qui fasse éprouver à l'organisation des colléges électoraux les modifications dont la nécessité peut paraître indispensable. »

C'était le gant jeté par l'aristocratie à l'élément démocratique tel qu'il était compris à cette époque, où la scission entre la bourgeoisie et le prolétariat n'était même pas encore entrevue, occupé que l'on était contre l'ennemi commun, ce parti de l'ancien régime qui rêvait de faire revivre la féodalité.

Cette proposition Barthélemy fut portée à la Chambre des députés, et, parallèlement, examinée et flétrie dans la *réunion* des Amis de la liberté de la presse. Leur action sur la Chambre eut assez de puissance pour lui faire repousser la proposition Barthélemy à la majorité de 150 voix contre 94. Le ministère fut donc un instant l'obligé des réunions publiques, qu'à peu de temps de là il allait faire poursuivre.

Les poursuites eurent lieu, à la suite et comme conséquence de la rupture entre les indépendants et M. Decazes. Les indépendants, alors sous la main du comité-directeur des Amis de la liberté de la presse, reçurent de lui un mandat impératif : Les pétitions qui avaient pour objet le rappel des citoyens exilés ou bannis par la loi dite d'amnistie émanaient du comité; les députés indépendants durent les soutenir devant la Chambre.

La séance du 17 mai 1819 reste célèbre dans l'histoire de la Restauration. Après le rapport de la commission qui concluait à l'ordre du jour, M. de Serres, au milieu de l'attention générale, prit la parole.

« Il y a une distinction à établir, entre les individus frappés par la loi de 1816, dit-il; je comprendrai dans une première classe, dans une catégorie irrévocable, la famille de Buonaparte et les régicides; dans la seconde, ceux qui n'ont été éloignés que temporairement et qui peuvent rentrer avec l'autorisation du roi. La Chambre sait que le plus grand nombre de ceux-ci ont été rappelés, et que si, pour quelques-uns, cette grâce se fait encore attendre, le retard ne se prolongera qu'autant que l'intérêt public le demandera. Ainsi, à l'égard des bannis dont l'exil n'est que temporaire, la Chambre peut avoir pleine confiance dans la clémence royale ; à l'égard des régicides, jamais. »

Jamais! avait dit M. de Serres.

Jamais! mot terrible et imprudent, qu'à cinquante ans de distance un autre ministre, et cette fois pour servir la cause de ces bannis de 1816, les Napoléon, devait lancer comme un défi à l'opposition de nos jours.

M. de Serres, en prononçant cette improvisation funeste, cet irrévocable Jamais, avait jeté le défi aux libéraux, aux *amis de la liberté de la presse*, ses alliés de la veille, dont l'influence avait refoulé la réaction Barthélemy et consolidé le ministère Decazes. — Ainsi c'était ce même ministère, docile à cela seul qu'il croyait être son intérêt, qui, par un système de bascule assez ordinaire, changeant du jour à la nuit pour faire repousser les pétitions, se precipitait dans les bras des ministériels et des ultra, ces implacables ennemis de la Restauration, qui, sans eux, eût peut-être vécu.

Les pétitions furent repoussées par cette tactique ministérielle. Les indépendants trahis abandonnèrent le ministère Decazes; et par voie de conséquence, pour abattre son ennemi resté debout, le ministère fit poursuivre la société dans la personne de MM. Gevaudan et Simon-Lorrière, les instigateurs principaux des pétitions rejetées. On vit, dans cette affaire, comparaître un nombre considérable de témoins, appartenant tous aux classes éclairées de la société : négociants, généraux, hommes de lettres, artistes, avocats, qui tous soutinrent que les réunions n'avaient pas le caractère d'association; que l'on se bornait à causer; que, seulement, une des personnes présentes était habituellement chargée de diriger la conversation;

que le premier venu n'y était pas admis ; qu'il fallait être présenté par deux membres de la société. Néanmoins les juges, sous ces précautions ingénieuses, reconnurent l'association et l'annulèrent. Le colonel Simon-Lorrière et M. Gevaudan furent condamnés chacun à 200 francs d'amende. Le but était atteint puisque la société était détruite; elle avait vécu dix-huit mois, et en réagissant utilement contre la proposition Barthélemy, en soulevant le pays par les pétitions en faveur des bannis, elle avait montré ce que des réunions de ce genre, bien menées, pourraient désormais produire.

L'annulation par autorité judiciaire de l'association des Amis de la liberté de la presse en devait seulement modifier le caractère. Sans doute *le lien social* fut brisé, la foule libérale se dispersa au moins pour un moment, mais les chefs en vinrent de la discussion aux actes.

Cette année 1819 est féconde en procès ardents. — La cour de Paris d'alors, mue par ce sentiment qui en ce temps-là comme aujourd'hui s'appelait l'*amour du prince*, se jetait dans la lutte politique, et excédant son rôle, *enjoignait* au procureur général de poursuivre les rédacteurs du *Libéral*, de *l'Homme gris* et de la *Bibliothèque historique*.

Cependant, en présence du parti libéral et sur ses ruines, grandissait alors la Congrégation, société à la fois secrète et publique, appartenant à la Compagnie de Jésus.—Son influence était officielle, officiellement avouée; elle se révélait en public par des conférences où toute la jeunesse des écoles était appelée. Les membres laïques (et ils étaient nombreux) appartenaient au rang le plus élevé. Parmi les jésuites de robe courte, c'est ainsi qu'on les désignait, figurait en masse le parti ultra-royaliste : les de Noailles, de Montmorency, de Polignac, de Villèle-Corbière, de Marcellus, le comte d'Artois et jusqu'à S. M. Louis XVIII. Bon gré malgré, Louis XVIII était jésuite de robe courte.

Louis XVIII, qui disait à son bien-aimé ministre Decazes : « Mon enfant, les ultra nous perdront, » seul de son parti qui sût oublier et eût appris les hommes, un pied chez les ultra, un pied dans le parti libéral, ménageait, choyait cette Congrégation qu'au fond il devait détester, mais dont il avait besoin : car elle gouvernait la Chambre. Ses visées étaient radicalement réactionnaires, le rétablissement des biens de mainmorte pour le clergé, l'abolition du divorce qu'elle obtint et qui a survécu, l'éducation monopolisée par les prêtres, la tenue des registres de l'état civil aux mains des ministres du culte ; c'était l'ultramontanisme en délire.

Dans un de ces comités secrets qui suivaient d'ordinaire les séances publiques de la Congrégation, un M. Duplessis de Grenedan ne craignit pas de demander « que le gibet fût rétabli avec tous ses priviléges. »

Un député, avocat général près une cour royale du midi, appuyait la motion dans les termes suivants :

« Dans des temps comme ceux où nous sommes, « il faut frapper fort, rapidement et sur le plus de

« points possible à la fois; or, une pareille répression « est difficile avec la guillotine, instrument fort compli- « qué, d'un volume énorme, que l'on n'édifie qu'avec « beaucoup de peine et qu'il est presque impossible « de transporter. L'ancien mode n'offre aucun de « ces inconvénients; où ne trouve-t-on pas un mor- « ceau de corde, une simple ficelle? chacun, d'ail- « leurs, peut en porter dans sa poche, et partout il « existe un clou, une poutre ou une branche d'arbre « où l'on peut les attacher. Je suis donc d'avis que « l'on revienne à la vieille méthode. »

Voilà où on en était: qu'il fallût réagir avec énergie; que le droit d'association fût plus que jamais nécessaire contre cette congrégation si formidable, qui formait un État dans l'État et entraînait avec elle toute la société officielle du temps; qu'il fallût combattre cette réaction qui embrassait tout, dominait tout, inondait de brochures, de pamphlets la nation abattue; que la lutte fût inégale, de nain à géant, cela est certain.

Berryer, la parole, Chateaubriand, l'éloquence écrite, étaient l'un et l'autre au service de la Congrégation. Ainsi elle comptait dans ses rangs, avec la société officielle d'alors, des esprits d'élite, mais ils marchaient contre la civilisation. Aussi et fort heureusement « le bon sens éternel, lequel est né français, » devait emporter ces théories et vaincre ces tout-puissants d'un jour.

La Société des bons livres, celle des Bonnes études, l'Association pour la défense de la religion catholique étaient l'expression publique de la Congrégation, et faisaient des conférences où les doctrines de M. de Bonald étaient commentées, comme le seraient aujourd'hui celles de Proudhon.

O temps! ô mœurs!

M. de Lacretelle rend compte, dans les termes suivants, d'une de ces conférences où, pour une seule fois, il eut la parole :

« L'auditoire me causa beaucoup d'étonnement. Le sévère pays Latin avait peu vu tant d'éclat. Le premier banc était occupé par des ecclésiastiques dont le maintien, à défaut de costume, paraissait tout à fait monacal: c'étaient les jésuites de Montrouge; derrière eux se tenaient avec toutes les formes de la déférence et du respect, d'illustres personnages, tels que MM. le vicomte Matthieu de Montmorency, le prince de Polignac, le marquis, depuis duc de Rivierre, l'abbé duc de Rohan et un fort grand nombre de pairs et de députés. Les jésuites écoutaient d'un air sévère ou dédaigneux les conférences, où des jeunes gens, animés du zèle monarchique le plus pur, montraient en même temps du zèle constitutionnel.

« J'assistai deux ou trois fois, comme spectateur, à d'autres séances et je n'y entendis plus que des dissertations pour le rétablissement du droit d'aînesse et d'autres thèses semblables. M. Berryer, qui présidait, parlait fort dédaigneusement de nos institutions nouvelles. »

Telles étaient les conférences de la Société des bonnes études dirigée par la Congrégation.

La Congrégation elle-même comprenait de quarante à cinquante mille affiliés. Ce fut pendant toute la

Restauration une conjuration permanente disciplinée à une profondeur de discrétion inouïe.

Les congréganistes expliquent les *Carbonari*, leurs complots, explosions impuissantes de l'indignation d'un peuple qui, de la tyrannie du sabre, avait passé à la tyrannie de la soutane.

Où les carbonari échouèrent, une association fondée au grand jour, à une immense publicité, la société *Aide-toi le, ciel t'aidera*, devait réussir, sans conspirer, par le seul exercice constitutionnel des droits de parler et d'écrire. — Cette société naquit en 1827 ; ses visées étaient limitées mais hardies dans leur objet : il s'agissait en effet de préparer les élections et de composer une Chambre d'opposition constitutionnelle, c'est-à-dire qui soutînt la Charte contre les empiétements du pouvoir royal.

En 1827 donc, le ministère Villèle pour avoir mécontenté non plus seulement le parti libéral, mais les amis les plus fervents de la monarchie, avait ainsi par sa faute transformé et agrandi l'opposition longtemps circonscrite dans la classe moyenne sous le nom de libéralisme, et dont par ses imprudences il dénatura le caractère : elle devint l'opposition non plus seulement libérale, mais constitutionnelle, celle-ci abritant sous son drapeau les mécontents de toutes les nuances.

Le 5 novembre 1827 le ministère Villèle faisait un véritable coup d'État. Par ordonnance royale il jeta brusquement soixante-seize membres nouveaux dans la Chambre des pairs pour changer l'esprit de cette assemblée et la rendre docile ; les soixante-seize membres nouveaux étaient tous congréganistes.

Par une autre ordonnance du même jour il prononçait la dissolution de la Chambre des députés et convoquait les colléges électoraux d'arrondissement pour le 17 novembre, ceux de département pour le 24 (on sait que le choix d'un certain nombre de députés était alors réservé par la loi aux colléges de département). L'ouverture de la session était fixée au 5 février 1828. Comme compensation le ministère retirait la censure.

L'émotion fut vive dans le pays.

La contre-révolution s'affirmait, et agissait avec vigueur.

L'ordonnance de dissolution, publiée le 6 au matin dans le *Moniteur*, et qui ne parut que postérieurement dans les autres journaux, en fixant les élections au 17, ne laissait aux électeurs que quelques jours, à ceux des colléges électoraux les plus éloignés que quelques heures, pour concerter leurs choix.

Ce fut dans toute la presse royaliste un cri de joie : *La monarchie vaincra, elle a vaincu*, disaient-ils.

Ils avaient compté sans la société, *Aide-toi, le ciel t'aidera :* elle fut comme une explosion de l'indignation universelle qu'elle allait diriger. Ses fondateurs étaient des pairs, députés, écrivains, citoyens notables; elle réunit en elle toutes les oppositions. Sa naissance fut soudaine, inattendue; dès la première heure elle fut légion.

M. Guizot présidait la réunion où elle fut formée.

Sous cette devise : *Aide-toi, le ciel t'aidera*, des

hommes très-divers d'idées et de tendances se concertèrent pour composer une Chambre où l'opposition eût la majorité et fît tomber le ministère.

L'association procéda par des réunions publiques, des publications de toute nature, les unes sérieuses, les autres frivoles au moins en apparence, telles que les *Lettres à la Girafe.*

La société répandait sur tous les points du royaume, outre ces publications, les *Rognures de la censure*, c'est-à-dire les articles et les faits supprimés par elle.

Un nombre considérable de carbonari se joignirent à l'association et y apportèrent l'élément énergique, ce furent notamment MM. Desloges, Joubert, Marchais et Sautelet.

Dans chaque ville un peu importante de province, à chaque chef-lieu de département ou d'arrondissement, il y eut un bureau affilié ou commission de distribution et de correspondance avec le comité de Paris. M. Guizot parlant de l'association et du comité dit, dans ses *Mémoires* :

« Je n'hésitai pas plus à y entrer avec mes amis que je n'avais hésité, en 1815, à me rendre seul à Gand pour porter au roi Louis XVIII les avis des royalistes constitutionnels. » Et plus loin : « Nous avions franchement combattu la politique du cabinet; il nous appelait lui-même dans l'arène électorale pour vider la querelle; nous y entrâmes avec la même franchise, résolus à ne rien chercher de plus que de bonnes élections, et à accepter les difficultés comme les chances, d'abord de la lutte, puis du succès, si le succèsnous venait. »

Le succès vint, succès immense, dû aux efforts de l'association.

A Paris les huit candidats de l'opposition sortirent à des majorités énormes. Le résultat dans son ensemble fut une majorité d'environ soixante voix pour l'opposition.

C'est encore M. Guizot qui écrit :

« L'effet des élections de 1827 fut immense : elles dépassaient de beaucoup les craintes du cabinet et les espérances de l'opposition. J'étais encore en province quand les résultats éclatèrent; un de mes amis m'écrivit de Paris : « La consternation du ministère, les maux de nerfs de M. de Villèle qui fait appeler son médecin à trois heures du matin, l'agonie de M. de Corbières, la retraite de M. de Polignac à la campagne d'où il ne veut pas sortir quoiqu'il soit prié de revenir, la terreur du Château, les chasses toujours brillantes du roi, ces élections si *inattendues*, si *surprenantes*, si *abasourdissantes*, en voilà beaucoup plus qu'il n'en faudrait pour faire des prophéties, et se tromper probablement sur tous les résultats qu'on voudrait prévoir. »

Le correspondant de M. Guizot, qui craignait d'être prophète, l'était sans le vouloir.

Examinons maintenant en quelques mots quelle fut l'œuvre de cette Chambre libérale de 1827, enfantée par l'association dont nous venons d'observer la naissance quasi spontanée et la conduite à la fois improvisée et savante. Il est bien évident, pour qui sait voir, que si l'association conquit la victoire en quelques jours, en quelques heures, c'est qu'elle fut portée par l'opinion publique qui éprouvait d'instinct le besoin d'agir contre une réaction affolée. Mais l'association, par son éclatante et subite apparition, éclaira le peuple, lui permit de se compter, de se réunir, de s'affirmer devant l'urne électorale. La chambre de 1827 naquit du cerveau de ce dieu, « qui se glorifie de faire la loi aux rois », le Peuple, voulons nous dire. Et ce cerveau pensant, dirigeant, qui enfanta la liberté, ce fut l'association qui nous occupe : elle opéra son travail des élections comme fait le boulet, vite et fort; telle est en synthèse son œuvre.

M. Guizot qui l'avait présidée, M. Guizot déjà cité, rappelant plus tard cette phase héroïque d'une existence depuis livrée aux calculs de l'ambition, rappelant qu'il avait dirigé la société et qu'elle avait enfanté la Chambre de 1827, caractérisait cette dernière dans les termes suivants :

« Ce fut une Chambre, je n'hésite pas le à dire, monarchique et constitutionnelle, loyale et libérale, venue avec l'intention de résister et de soutenir en même temps; une Chambre qui nous a donné une loi sur les élections et une loi sur la presse, nos meilleurs moyens de résistance légale de 1827 à 1830; une Chambre enfin qui a fait l'Adresse des 221, Adresse que pour mon compte je regarde comme un des plus beaux monuments de notre histoire, Adresse dans laquelle non-seulement avec les formes les plus convenables, mais avec les sentiments les plus sincères, les premiers droits du pays ont été solennellement revendiqués et consacrés. »

M. Guizot retrouvant une ardeur juvénile à célébrer cette Adresse des 221 « un des plus beaux monuments de notre histoire » est dans le vrai. Les hommes qui ont vécu dans ces temps si lointains déjà, tant les évolutions historiques se sont multipliées depuis lors, ces hommes se souviennent du vénérable Royer-Collard lisant avec émotion cette Adresse respectueuse et ferme au roi Charles X, qui semblait ne pas comprendre et ne voir qu'une supplique inconvenante dans cette revendication d'un peuple. Les écrivains du temps nous font assister à cette scène digne et grande. Jamais langage plus modeste dans sa fierté et plus tendre dans sa franchise n'avait été tenu à un roi au nom d'un peuple.

Quant au roi, il s'étudiait à être digne et ne devinait pas la griffe sous le velours. Il était plus satisfait de sa dignité qu'inquiet de l'avenir.

Les rois de droit divin seront toujours en face du sujet qui parle raison comme ce gentilhomme étonné qu'un valet se permette d'avoir de l'esprit :

Le bon sens du maraud quelquefois m'épouvante.

On connaît la suite. On sait comment, de Martignac en Polignac, — Martignac, défenseur gracieux, mais sans autorité d'un roi qui se croyait ferme et n'était qu'aveugle, Martignac qui tint un instant en échec la majorité qu'il charmait — Dupont (de l'Eure) lui criait de son siége : *Tais-toi, sirène!* — Polignac, ministre impuissant et violent, de ceux qui sont un cadeau pour le peuple parce qu'ils précipitent la ruine du pouvoir, — on sait comment, de Martignac en Polignac, la royauté de la Restauration tomba avec l'inconscience absolue des causes de sa mort.

Résumons: la Chambre de 1827 naquit d'une association publique qui, par la parole, la brochure et le livre, par tous les moyens légitimes et publiquement concertés sut déplacer la majorité et faire digue au flot envahisseur de la réaction.

La Chambre brisa la royauté. Or, la Chambre était éclose du droit de réunion.

Les fautes d'un roi aveuglé, qui ne sut rien deviner dans cette fermentation d'un peuple, aidèrent sans doute puissamment à sa chute. Il voulut redresser les donneurs d'avis qui lui enjoignaient d'être juste.

Les ordonnances royales, en brisant la Charte, mirent le roi en face d'un peuple exaspéré.

Jacques Bonhomme était décidément fâché. Il répondit par des barricades : c'était justice.

Les trois Journées chassèrent la royauté féodale.

Et le vieux Charles X repartit en exil, toujours digne et inintelligent; il fut chassé pour avoir dissous la Chambre que le droit de réunion lui avait suscitée.

VI

LA RÉVOLUTION DE JUILLET. — LES SAINT-SIMONIENS. — AFFAIRES DE LYON. — LA LOI DE 1834. — LES BANQUETS RÉFORMISTES. — 1848.

Après la Restauration, menée à sa ruine par la société *Aide-toi*, Philippe d'Orléans, porté au trône par la bourgeoisie, ouvrit un règne de transaction entre l'idée républicaine déçue et la monarchie de droit divin qui venait de sombrer.

Les événements l'avaient habitué à la souplesse et avaient émoussé son caractère. Brave et humain, d'ailleurs, et habile même, il péchait uniquement par le manque de grandeur et de vues profondes. Il régna par la pratique courante des petits moyens et périt par la confiance excessive dans le mécanisme gouvernemental et les majorités factices. A l'ancienne noblesse, qui dans ses fautes fut grande et fière, il substitua la bourgeoisie, l'aristocratie d'argent, la pire de toutes parce qu'elle est la plus égoïste. Sous l'oligarchie censitaire il ne vit pas l'immense peuple noyé dans la pénombre, le peuple déshérité de bien-être, déshérité d'éducation ; il eût fallu pour cela la clairvoyance, et il ne l'avait pas : aussi son règne vécut mesquinement et périt de même.

Charles X, à sa chute, est digne, quoiqu'il tombe

par son immense aveuglement. C'est à petites journées qu'il traverse son royaume pour retourner en exil ; il est vaincu, mais il est resté roi. La monarchie de Juillet est balayée par l'émeute : Louis-Philippe se sauve dans un fiacre. — Comme son prédécesseur, les faits nous le démontreront, il périt parce qu'il prétendit réagir contre les réunions publiques. Il succomba pour avoir fait voter par une majorité trop docile la loi de 1834 et pour avoir lutté contre les banquets réformistes.

Dans cette lutte entre les gouvernements et les associations politiques publiques, ces dernières ne sont prises à corps par les princes que parce qu'elles sont l'instrument impérieux et spontané des sentiments de la nation. Elles sont redoutées au même titre que la presse, et plus encore ; — plus encore, parce que, nous l'avons dit, leur effet est plus puissant et plus immédiat. Sous le vent de la parole, elles sont l'élément soulevé, l'océan souverain qui rompt ses digues.

Sous Louis-Philippe, Lyon avec Paris furent le siége des plus redoutables manifestations et du mouvement politique le plus intense ; — ajoutons des plus regrettables désastres.

A Lyon, ce furent des questions de tarif qui firent les soulèvements. Le faubourg de la Croix-Rousse contenait une immense population d'ouvriers en soie, les *canuts*, qu'écrasait la misère.

En novembre 1831, le salaire des ouvriers lyonnais était tombé à 40, 35 et même 25 sous ; l'ouvrier employé à la fabrication des étoffes unies ne gagnait plus que 18 sous pour un travail de dix-huit heures par jour. C'est alors que, « du fond de ce quartier de la misère appelé la Croix-Rousse, on entendit s'élever une clameur confuse d'abord, mais bientôt solennelle, formidable, immense. »

Le 11 octobre, le conseil des prud'hommes avait déclaré qu'un tarif-minimum pour le prix des façons devait être fixé. Puis le préfet, M. Bouvier-Dumolard, avait réuni sous sa présidence la chambre de commerce, le maire de Lyon et ceux des trois villes ou faubourgs.

Il fut décidé dans cette séance que les bases d'un tarif seraient discutées contradictoirement entre vingt-deux ouvriers et vingt-deux fabricants.

« Après plusieurs réunions et ajournements, le 25 octobre avait été choisi pour la discussion définitive du tarif. Ce jour-là, dès dix heures du matin, un spectacle étrange et touchant fut donné à la ville de Lyon. Une multitude immense descendit en bon ordre et silencieusement des hauteurs de la Croix-Rousse, traversa la ville, et couvrit les places de Bellecour et de la Préfecture. C'était la foule affamée des travailleurs qui venait apprendre son sort. Ils restèrent là quelque temps, sans pousser un cri, sans proférer une menace : leurs mains n'étaient armées ni de fusils, ni d'épées, ni même de bâtons; seulement un drapeau tricolore flottait au-dessus de leurs têtes, et leurs chefs portaient une petite baguette pour se faire reconnaître et maintenir la discipline. »

Un tarif fut arrêté. Ce fut une joie très-grande dans la population ouvrière de la ville, et qui se traduisit par des danses et des chants,

Par malheur, une coalition de fabricants vint tout remettre en question dans une protestation du 10 novembre, où l'on se plaignait vivement des salaires exagérés qu'exigeaient les ouvriers, parce que, disait-on, *ils s'étaient créé des besoins factices.*

Les ouvriers se mirent en grève.

Le 21 novembre, ils se rassemblèrent à la Croix-Rousse, armés de bâtons. Ce fut le commencement du combat, bien que dans leur pensée ce ne dût être que la manifestation du 25 octobre renouvelée.

On sait comment la ville de Lyon tomba entre les mains de ce peuple, en misère, qui sut la protéger contre le pillage

Vainqueur, on l'amusa, on le joua; sa victoire lui fut inutile; on lui retira les tarifs : *tout rentra donc dans l'ordre.*

C'est ainsi que fut inaugurée la guerre servile, guerre du prolétariat contre le capital.

A peu de temps de là, la liste civile du roi Louis-Philippe, *le roi-citoyen*, fut portée à 18 millions. Louis-Philippe n'était que roi : ce peu lui suffisait.

Au cours de ces agitations sanglantes de la place publique, et à la veille d'agitations non moins douloureuses, grandissait à Paris une société religieuse et politique, hardie, audacieuse parfois dans ses idées, pacifique dans leur propagation, mystique de ce mysticisme attendri qui fut celui de madame Guyon, rénovatrice comme le fut Platon, comme le fut Luther, comme le furent les hommes de 89, de 91, de 93. Nous voulons parler de l'école saint-simonienne.

De cette société étrange, mais dans sa bizarrerie

même incontestablement belle, et qui souleva un monde d'idées, sut poser les problèmes sociaux et en fit parfois entrevoir la solution cachée par les brumes de l'avenir, de cette petite Église philosophique, perdue dans le Paris railleur, il faut bien dire un mot.

Son fondateur Saint-Simon était mort en 1825. Héritier du nom et des armes de ce fameux duc de Saint-Simon, l'annaliste qui nous a fait voir tant de taches au Roi-Soleil, il appartenait à une des plus anciennes maisons de France; mais noble, il abdiqua sa noblesse pour attaquer tous les priviléges de la naissance ; et, riche d'une fortune qu'il avait accrue dans la spéculation, il la dissipa au service de ses idées. Il mourut pauvre et mendiant, après avoir rempli le monde de sa pensée, léguant à quelques apôtres le soin de propager sa doctrine.

L'association universelle fondée sur l'amour, la hiérarchie basée sur le mérite, l'organisation de l'industrie, la guerre déclarée impie et disparaissant à jamais, voilà ce que contenait le saint-simonisme. Ajoutons, pour tout dire : l'abolition de l'héritage. Le saint-simonisme fut plus qu'une association publique, plus qu'une Église, ce fut une famille. Les journaux *le Producteur, l'Organisateur, le Globe*, ce dernier aux mains de Pierre Leroux, répandirent la doctrine. Des prédications furent organisées rue Taitbout.

« Rien de plus curieux que le spectacle de ces assemblées. Autour d'une vaste salle, sous un toit de verre, tournaient trois étages de loges. Devant un amphithéâtre dont une foule empressée couvrait dès midi, tous les dimanches, les banquettes rouges, se plaçaient sur trois rangs des hommes sérieux et jeunes, vêtus de bleu, et parmi lesquels figuraient quelques dames en robes blanches et en écharpes violettes. Bientôt paraissaient, conduisant le prédicateur, les deux pères suprêmes, MM. Bazard et Enfantin. A leur aspect, les disciples se levaient avec attendrissement; il se faisait parmi les spectateurs un grand silence plein de recueillement ou d'ironie, et l'orateur commençait. Beaucoup l'écoutaient d'abord avec le sourire sur les lèvres et la raillerie dans les yeux; mais, quand il avait parlé, c'était dans toute l'assemblée un étonnement mêlé d'admiration; les plus sceptiques ne pouvaient se défendre d'une longue préoccupation ou d'une émotion secrète.

« Et tout tendait à rendre cette propagande active, irrésistible. La *Famille*, établie rue Monsigny, était comme un brûlant foyer qui avait la double vertu d'attirer et de rayonner. La doctrine s'y développait au bruit des fêtes et sous le regard inspirateur des femmes. Abandonnant leurs occupations, leurs rêves de fortune, leurs affections d'enfance, ingénieurs, artistes, médecins, avocats, poëtes étaient accourus pour associer leurs plus généreuses espérances.........

« Les repas avaient lieu en commun; on s'essayait au culte de la fraternité. Le nom de frère fut donné aux membres de chaque degré supérieur par ceux des dégrés inférieurs, et les dames qui faisaient partie de cette colonie intellectuelle reçurent les doux noms de mères, de sœurs ou de filles. »

On voit par ce touchant tableau, que nous empruntons à l'*Histoire de dix ans*, de quels nobles sentiments était inspirée l'école saint-simonienne. Le fil conducteur de cette école philosophique était une exquise et vraie sensibilité. Ce fut un rajeunissement de l'idée chrétienne. Seulement, tandis que le Christ a proclamé que son royaume n'était pas de ce monde, qu'il a pris le soin de rassurer César, César c'est-à-dire le prince, le gouvernant quelconque, qu'il soit Louis IX ou Borgia, les saint-simoniens jugeaient que le temps était venu de faire entrer dans le domaine des faits ce qui n'était encore qu'une vérité spéculative et comme une semence inféconde.

Suivant eux, l'humanité est toujours en marche, toujours elle progresse, tendant toujours à s'améliorer et à faire disparaître graduellement l'exploitation de l'homme par l'homme qui est le phénomène caractéristique de l'histoire des siècles écoulés. L'avenir est à la décroissance rapide et à la cessation définitive de cette exploitation.

Malheur aux vaincus ! tout le passé est dans ces mots. Le vaincu devient la propriété du vainqueur, qui fait de lui un instrument de travail ou de plaisir.

Et la servitude était déjà elle-même un progrès, puisqu'elle s'abstenait de détruire. Triste progrès sans doute, — car elle est l'exploitation de l'homme par l'homme dans toute sa rigueur. — L'esclave était placé en dehors de l'humanité, étant la chose du maître, au même titre que sa terre, son bétail, son mobilier.

Comment, en traversant les siècles, cette cruelle

exploitation avait décru ; comment à la servitude avait succédé le servage ; comment étaient nées les communes et avec elles la bourgeoisie ; comment, sous l'influence du christianisme, le dogme d'amour avait remplacé la haine, premier instinct de l'homme; comment l'activité matérielle s'était déplacée, et aux conquêtes sanglantes avait substitué le mouvement commercial; comment enfin, à la guerre universelle, succédait lentement l'apaisement général : c'est ce qu'étudiait l'école saint-simonienne.

La forme moderne de l'antagonisme, de l'oppression, était pour les saint-simoniens la tyrannie du capital écrasant le prolétariat. Aussi était-ce la dispersion et la démocratisation du capital qu'ils se proposaient pour but. A chacun suivant ses œuvres, et Dieu pour tous, tel était l'idéal économique du saint-simonisme, et, comme moyen d'y arriver, l'abolition de l'hérédité, un remaniement de la propriété et une vaste association embrassant l'espèce humaine dans les liens d'une fraternité sans exclusion. Des doctrines excentriques venaient se greffer sur celles que nous venons d'indiquer en quelques mots. Le père Enfantin avait entrepris la *réhabilitation de la chair* que le Christ a abaissée pour exalter l'âme. Ici ce furent des sentimentalités au moins hasardeuses. On toucha parfois au puéril. Cette philosophie allant au progrès sur le fleuve du Tendre, ces appétits mal déguisés sous l'afféterie des paroles, déconsidérèrent la famille saint-simonienne. La division y pénétra, et après la division ce fut la dispersion. Mais la *Famille* avait assez vécu pour laisser dans l'histoire de ce temps comme une trace lumineuse; d'autres féconderont le sillon qu'elle a creusé.

Pendant qu'elle aspirait à tout résoudre d'une façon pacifique, l'impatience publique tendait à précipiter les événements.

A Lyon, à Caen, au Mans, à Limoges, la crise ouvrière se traduisit par des grèves.

A Paris, les ouvriers bijoutiers, cordonniers, boulangers firent grève aussi. Une association républicaine s'était formée pour la défense de la liberté individuelle et de la liberté de la presse. Elle organisa un comité d'enquête chargé d'instruire sur tous les faits relatifs aux arrestations d'ouvriers. Le rapport de ce comité fut une démonstration navrante de la misère du peuple. Mais le temps n'était pas encore venu, et on crut pourvoir au salut de la civilisation menacée en continuant à opérer un grand nombre d'arrestations.

Peine perdue ! car au même moment le manifeste de la *Société des droits de l'homme* tombait comme une bombe.

La société des Droits de l'homme était alors toute-puissante. Par l'éloquence de ses orateurs, ses affiliations multiples sur tous les points du royaume, elle s'était rendue maîtresse de l'opinion.

« Entretenir l'élan imprimé au peuple en 1830, alimenter l'enthousiasme, préparer les moyens d'attaque en élaborant les idées nouvelles, tenir en haleine l'opinion et souffler sans cesse aux âmes atteintes de langueur la colère, le courage, l'espérance, tel était son but, et elle y avait marché la tête haute avec une énergie, avec un vouloir extraordinaires. Souscriptions en faveur des prisonniers politiques ou des journaux condamnés, prédications populaires, voyages, correspondances, tout était mis en œuvre, de sorte que la révolte avait, au milieu même de l'État, son gouvernement, son administration, ses divisions géographiques, son armée. »

Le manifeste de la société des Droits de l'homme fut comme la trompette de Jéricho, comme une voix puissante éclatant dans la foule, et jetant pour défi au parti conservateur le nom, alors terrifiant, de Maximilien Robespierre. — Nous ne saurions comprendre, maintenant que la lumière s'est faite sur les hommes de la Révolution et en particulier sur Robespierre, nous ne saurions comprendre ce que son nom seul soulevait, alors, de haines et de tempêtes. Robespierre avait été à son heure la Révolution incarnée : tribun convaincu il avait réalisé dans les faits la philosophie de Rousseau, dépassée depuis, et il avait organisé la Terreur pour arriver à son but. — « Périssent nos mémoires plutôt que les idées qui feront le salut du monde, » avait-il dit, et, suivant la belle expression de Louis Blanc, il s'était rendu responsable du chaos, parce que dans sa pensée (et il voyait juste) ce chaos était un enfantement.

Robespierre pouvait être tyran, il préféra mourir ; il sacrifia son nom et sa vie à une idée.

C'est cet homme que l'on a flétri. L'autre, celui qui pour sa vanité, pour le « moi si haïssable », et pour cela seul, tua la Révolution, sa mère, qui inonda le monde de sang dans le but d'être appelé César et Charlemagne, qui marcha au rebours de la civilisation, ne vécut que pour détruire, et *écrasa le droit sous sa botte*, on en a fait un demi-dieu.

La Déclaration des droits de l'homme, de Robespierre, contenue dans le manifeste, en souligna violemment les tendances révolutionnaires. Le programme était : *un pouvoir électif temporaire et responsable*, le suffrage universel, la liberté des communes, l'instruction populaire, le développement de l'institution du jury, l'organisation du travail en vue d'émanciper la classe ouvrière, et une vaste fédération européenne reposant sur la souveraineté du peuple et sur la liberté du commerce.

Telles étaient les idées que développait la société des Droits de l'homme dans son fameux manifeste. Ces mêmes idées furent l'objet d'une prédication ardente répandue dans tout le pays. La réaction s'émut et pour mieux combattre le manifeste, le faussa : « *La propriété est le droit qu'a chaque citoyen de jouir à son gré de la portion de biens qui lui est garantie par la loi.* »

On vit dans cette phrase, qui n'est autre que l'article 6 de la Déclaration des droits de l'homme, on y vit, on y voulut voir un attentat à la propriété. Cette définition du droit de propriété était d'une exactitude mathématique. Légistes, philosophes n'avaient qu'à en admirer la précision.

La mauvaise foi des détracteurs du manifeste la considéra de parti pris comme la négation de ce que précisément elle caractérisait avec la sobriété du jurisconsulte. On cria à la loi agraire !

M. Dupin aîné, dans un discours de rentrée, à

l'audience de la cour de cassation, accusa la république que préparaient les auteurs du manifeste de vouloir mettre les *propriétaires à la portion congrue.*

La peur rendit injuste. Vingt-sept des membres de la société des Droits de l'homme, auteurs ou propagateurs du terrible manifeste, furent accusés d'avoir comploté contre la sûreté de l'État. Mais défendus par Dupont, Moulin, Pinard et Michel (de Bourges), ils furent acquittés *par le jury.*

Vers cette époque les associations pullulent : ainsi à Lyon, la société du Progrès ; la société des Droits de l'homme, modelée sur celle de Paris, portant le même nom et embrassant toute la ville de Lyon ; enfin le Mutuellisme qui était l'association des ouvriers en soie.

Nous arrivons à la loi de 1834 sur les associations publiques. C'est l'événement le plus grave, la faute la plus lourde du règne de Louis-Philippe.

Cette loi contre les associations contenait la Révolution. Le pouvoir voulut, par elle, faire obstacle au progrès, à la vie politique, au mouvement social : toutes choses contenues dans les associations et propagées par elles. Un peu avant la loi sur les réunions publiques, une maladresse non moins insigne avait été commise, nous voulons parler de la loi sur les crieurs publics, soumettant à l'autorisation préalable tout écrit vendu, distribué, crié sur la voie publique : c'était la mort pour bon nombre de journaux : il fallut exécuter la loi à coups de bâton. Mais nous avons hâte d'arriver à l'événement capital du règne.

L'article 291 du Code pénal, nous l'avons dit et les faits nous l'ont prouvé, était insuffisant pour empêcher les associations et les réunions. Malgré cet article et, à proprement parler, sous son abri, s'étaient organisées ces associations révolutionnaires que nous venons de signaler. On se rappelle quel était le défaut de la cuirasse du fameux article. Pour le réduire à l'impuissance, il suffisait que l'association se morcelât en sections, dont chacune, prise isolément, s'en tînt au nombre innocenté ; il suffisait qu'on ne fût pas plus de vingt personnes dans chaque tronçon, moyennant quoi l'article 291 était paralysé.

M. Jules Favre, commentant, à l'occasion du récent procès des Treize, l'article en question, disait : « La rigueur de l'article 291 ne doit pas être exagérée..... le législateur a fait à l'esprit d'association une dernière concession, bien faible assurément, mais qui cependant ne doit pas être méconnue : il a permis l'association même politique..... lorsque cette association était composée de vingt personnes seulement ou de moins de vingt personnes ; il ne l'a trouvée coupable que lorsque les associés dépassaient le nombre de vingt, parce qu'alors se réalisait à ses yeux cette pensée que vous rencontrez dans la bouche de tous les orateurs des gouvernements qui se sont succédé, la pensée d'une usurpation souterraine, d'une prétention de gouvernement, d'une lutte de puissance à puissance. C'est le nombre qui fait la force : quand ce nombre est misérable et qu'il ne peut pas éveiller l'attention du pouvoir public, le fait reste à coup sûr le même, mais comme il n'est pas dangereux, on ne songe pas à le proscrire. »

Et M. Jules Favre ajoutait :

« Ainsi, retenons comme des vérités que nul ne peut contredire, d'une part, que l'article 291 a été dirigé contre les sociétés populaires qui ont la prétention de gêner l'exercice du gouvernement, d'autre part, que tout en proscrivant les associations de plus de vingt personnes, le législateur de 1810 a toléré celles qui n'atteignent pas ce nombre. »

M. Jules Favre raisonnait ainsi sur l'article 291 pris isolément. Mais la loi de 1834 eut pour objet et pour conséquence de compléter, d'aggraver voulons-nous dire, cet article.

L'article 1er de la loi de 1834 (10 avril) est ainsi conçu :

« Les dispositions de l'article 291 (C. pén.) sont applicables aux associations de plus de vingt personnes, alors même que ces associations seraient partagées en sections d'un nombre moindre, et qu'elles ne se réuniraient pas tous les jours marqués. L'autorisation du gouvernement est toujours révocable. »

La portée de cet article n'échappe à personne. Outre qu'il poursuit et frappe l'association malgré le morcellement, et que dans les tronçons divers il ne voit que l'expansion d'un tout ramifié mais homogène, atteignant ainsi l'association dans la division en sections qui était pour elle un lieu d'asile, il rend encore plus dure à un autre point de vue la législation de 1810. En effet, aux termes de l'article 291, le soin que l'on prenait de ne pas se réunir d'une façon régulière et à des jours marqués suffisait pour sauver l'association. Par la loi de 1834 (art. Ier) cette précaution devient inutile. De plus, la loi de 1834 atteint non-seulement les chefs, mais tous les membres des sociétés contrevenantes. Enfin, par une éclatante dérogation à la Charte, les infractions à la loi nouvelle et à l'article 291 sont déférées non au jury, mais aux tribunaux correctionnels.

En proposant aux votes d'une Chambre malheureusement trop obéissante la loi de 1834, le gouvernement commettait sous l'empire de la frayeur, nous le répétons, une faute bien lourde.

Spectacle révoltant ! Au banc des ministres étaient assis trois anciens promoteurs de réunions politiques : M. de Broglie qui, sous la Restauration, avait ouvert son hôtel à la société des Amis de la presse ; M. Guizot, qui avait dirigé la société Aide-toi, le Ciel t'aidera ; enfin, M. Barthe, qui avait fait partie des carbonari. Reniant leur foi politique, au scandale de tous, subissant le malaise de leur apostasie, ils ne pouvaient manquer par leur attitude, leurs paroles, fût-ce par leur présence seule, d'envenimer la discussion.

Mais le gouvernement avait peur ; il craignait pour lui le sort de la Restauration et voulait briser le droit de réunion comme destructeur des monarchies. La société des Droits de l'homme était d'ailleurs un ennemi personnel qu'il fallait abattre. Entre elle et la royauté c'était un duel à mort. Si la loi était votée, on ne cachait pas que la société des Droits de l'homme répondrait par des coups de fusil : ce fut donc avec avec une grande anxiété que, le 11 mars, on vit s'ouvrir les débats sur ce projet de loi.

L'exposé des motifs présenté à la Chambre des députés par le garde des sceaux se ressentait de la gravité, du péril de la situation ; il débutait ainsi : « Messieurs, lorsque, dans les premiers jours qui suivirent la révolution de Juillet, apparurent au sein de Paris ces associations républicaines qui, parodiant dans quelques réunions les formes des assemblées délibérantes, s'efforçaient d'élever, en présence de la royauté constitutionnelle, un pouvoir rival toujours menaçant et toujours disposé à la violence, la conscience publique signala à l'instant même le péril. »

Plus loin :

« Dans les plus misérables émeutes, comme dans ces luttes sanglantes dont la capitale elle-même a été le théâtre, on a trouvé les associations politiques fournies d'armes, de munitions, de proclamations, et délibérant en permanence lorsqu'elles ne descendaient pas dans nos rues et sur nos places ; on les a vues, empruntant le masque de la philanthropie, corrompre le peuple et coaliser les ouvriers ; on les a vues lancer, les mains pleines d'odieux pamphlets, cet essaim de crieurs publics auxquels vous avez imposé silence par une loi dont on ose déclarer qu'on violera publiquement les prescriptions. »

C'était là un véritable réquisitoire contre le droit de réunion. S'expliquant plus particulièrement sur l'article 1er du projet de loi, le garde des sceaux ajoutait :

« Par l'article 1er du projet de loi, nous vous proposons de sanctionner les mesures nécessaires pour que l'article 291 du Code pénal ne puisse pas être éludé. Pour que la prohibition ne demeure pas illusoire, il ne faut pas laisser aux associations la faculté de se diviser en sections dont chacune, prise à part, se composerait de moins de vingt membres et qui, réunies, s'élèveraient à un nombre supérieur à celui que la loi tolère. N'est-ce pas une dérision que de tolérer des associations composées de plusieurs milliers d'individus, par cela seul qu'elles sont fractionnées par dix-neuf, tandis qu'une association de plus de vingt personnes et qui n'a aucune correspondance peut paraître contraire à la paix publique ? Une autre précaution consiste à exiger que les associations aient besoin d'une autorisation, alors même qu'elles ne se réuniraient pas tous les jours ou à des jours marqués. »

Pendant ce temps, quelle était l'attitude de la société des Droits de l'homme ?

« La société des Droits de l'homme ne fera pas d'émeutes ; mais si elle n'était décidée à attendre que la volonté de la France se manifeste, le nombre et le courage de ses membres lui permettraient peut-être de livrer une bataille. » Telles étaient les menaces audacieusement jetées en défi par M. de Ludre à la Chambre ; et, après lui, M. Salverte, membre lui aussi de la société, rappelant que M. Guizot avait affirmé, proclamé, dirigé les réunions publiques, arrachait à ce ministre un éloge, une apologie, pour mieux dire, de la célèbre société Aide-toi.

Mais le droit que le ministre exaltait dans le passé, il le niait dans l'avenir : rôle insoutenable, où l'orateur se prenant dans son propre piége et se condamnant, voulut se faire illusion et n'y parvint pas. Accablé par M. Pagès, qui lui jetait au visage ses propres doctrines, celles du temps où il condamnait comme attentatoire à la liberté cet article 291 qu'il trouvait aujourd'hui insuffisant, il voulut se dédommager de son impuissance à répondre par la superbe et le dédain :

« L'homme s'agite et Dieu le mène, » dit-il en terminant. Paroles vides et gonflées qui ne témoignaient que de l'impossibilité où il était de répondre par autre chose que des lieux communs et des phrases sonores.

Un amendement fut présenté par M. Bérenger. Il demandait que les associations pussent se former sans autorisation à la seule condition d'une déclaration préalable et avec faculté laissée au pouvoir de les dissoudre, sauf à rendre compte aux Chambres. L'amendement, soutenu avec énergie par M. Odilon Barrot, combattu par M. Thiers, fut rejeté. D'autres se succédèrent et eurent le même sort. La loi fut votée « comme loi *d'urgence*, loi *d'inquiétude publique,* » suivant les expressions de M. de Lamartine, qui se rangea du côté de la majorité. Ce fut un scandale dans toute la France. C'était un recul imprimé à la civilisation.

« Le gouvernement demande à vivre : pour vivre a-t-il besoin de tuer le principe générateur de la société elle-même? la nécessité de régulariser le droit implique-t-elle donc la nécessité de le tuer, et faut-il, à l'exemple de certains sauvages, couper l'arbre pour cueillir le fruit? Soumettre à une autorisation préalable du gouvernement le droit d'association, mais c'est livrer au pouvoir une immensité d'arbitraire devant laquelle tout disparaît! »

Ainsi s'était exprimé M. Odilon Barrot, mais sans pouvoir entraîner une majorité tenace et systématique.

« Pour obéir à ma conscience, je désobéirai à votre loi, » dit M. Pagès (de l'Ariége). Autant en emportait le vent.

C'est le 26 mars que la loi fut votée à la majorité considérable de 246 voix contre 154. Portée dès le lendemain à la Chambre des pairs, celle-ci sur le rapport de M. Girod (de l'Ain) l'adopta, le 9 avril, à la majorité de 127 voix contre 22.

Le droit de réunion était provisoirement terrassé, mais c'était comme un incendie mal éteint qui couve sous la cendre. L'explosion ne pouvait tarder : elle se traduisit par les émeutes du faubourg de Vaise, à Lyon et de la rue Transnonain à Paris, en attendant les banquets réformistes sur lesquels nous nous arrêterons un moment.

Le gouvernement de Juillet était donc parvenu à confisquer d'une façon à peu près complète le droit de réunion.

Mais cette limite extrême de la compression, chez les peuples où il reste encore quelque séve, quelque vigueur, est précisément celle où les gouvernements se brisent, où les trônes volent en éclats.

C'est ce qui ne pouvait manquer d'arriver au gouvernement de Louis-Philippe, qui, né des barricades à la suite d'ordonnances liberticides, oublieux des principes qui lui avaient donné l'existence, devait fatalement sombrer dans les mêmes abîmes où s'était laissé entraîner aveuglément le gouvernement de la Restauration.

Le prétexte derrière lequel s'abrita le droit de réunion pour tirer, cette fois, sur l'arbitraire et le despotisme, fut celui de la réforme électorale. Déjà, depuis 1845, un comité fonctionnait dans le but d'élargir le cercle des électeurs, restreint d'une manière trop grossièrement anti démocratique à quelques milliers de suffrages bourgeois déterminés par la corruption.

En juin 1847, ce comité fit circuler une pétition rédigée par M. Pagnerre, et dans laquelle il demandait la réforme de la loi du 19 avril 1831, dans ses dispositions électorales et parlementaires, par la raison que cette loi violait ouvertement les grands principes du droit, de la justice et de la morale.

Un banquet fut aussitôt organisé pour le soutien des doctrines réformistes; il eut lieu le 9 juillet 1847, au Château-Rouge.

M. de Lasteyrie, parent du général Lafayette, occupait le siége de la présidence.

On y porta des toasts au triomphe et à l'application des idées et des principes qui avaient amené les révolutions de 1789 et de 1830.

A partir de ce moment, l'agitation se répand sur toute l'étendue de la France, et les banquets succèdent aux banquets.

Le 7 novembre 1847, MM. Ledru-Rollin et Louis

Blanc vont assister au banquet de Lille. Le premier y formule dans un magnifique discours les tendances du parti démocratique et y fait miroiter les vastes horizons du *suffrage universel.*

Au banquet de Rouen, l'agitation réformiste s'accentue de plus en plus dans le sens de la révolution.

Aux banquets de Dijon et de Châlon, les toasts, étaient déjà tout à fait républicains.

« Quand les fruits sont *pourris,* s'était écrié Louis Blanc, ils n'attendent que le passage du vent pour se détacher de l'arbre. »

A quoi M. de Lamartine, voulant caractériser le banquet où ces paroles avaient été prononcées, ajoutait : « C'est le tocsin de l'opinion! »

Cependant, on était en 1848, et bien que cette campagne des banquets fût du meilleur effet sur l'esprit public, on arrêtait ces manifestations, avec lesquelles l'opposition dynastique craignait évidemment de se voir entraînée trop loin.

C'est alors que quelques hommes, intelligents et hardis, résolurent d'organiser un nouveau banquet à Paris, et, à cet effet, se formèrent en comité sous la présidence de M. Boissel, député du 12e arrondissement.

Le gouvernement s'émut de cette résolution, sentant bien que c'était là le point de départ d'une nouvelle agitation, qui aurait cette fois de plus graves conséquences.

Le comité avait fixé le jour du banquet du 12e arrondissement au 19 janvier. Le caissier du comité ayant adressé à M. Delessert, préfet de police, l'avis obligatoire, simple déclaration du jour et du lieu choisis, reçoit, quelques jours après, une notification par laquelle le préfet de police l'informe « qu'il n'accorde pas l'autorisation qu'il a sollicitée pour un banquet qui devrait avoir lieu le 19 courant, d'après un avis qu'il a donné le 10 de ce mois, dans un local situé rue Pascal, aux Cordelières, *et qu'il entend s'opposer formellement à ce que le banquet ait lieu.* »

En même temps, M. Duchâtel déclarait à la Chambre des pairs que le gouvernement était désormais décidé à interdire les banquets.

L'étonnement fut général.

Mais la commission du banquet, sans se laisser le moins du monde intimider, adressa au préfet de police et fit publier dans les journaux la note suivante :

« La commission du banquet s'est réunie, et considérant qu'en fait nulle autorisation n'a été sollicitée ; que M. le préfet a bien voulu confondre une déclaration pure et simple du lieu et du jour du banquet avec une demande en autorisation qu'on n'avait pas à demander ni à refuser ; s'appuyant sur les lois de 1821 et de 1835, qui ne prohibent pas les réunions accidentelles, sur les déclarations formelles de l'orateur du gouvernement, dans la discussion de ces lois, sur le récent arrêt de la Cour de cassation, sur la pratique constante du gouvernement et sur la reconnaissance formelle du caractère légal des banquets, faite dans l'Adresse de la Chambre des pairs : la commission décide à l'unanimité qu'elle regarde la sommation de M. le préfet de police comme un acte de pur arbitraire et déclare passer outre. »

Puis, le 24 janvier, elle publiait ce nouvel avis :

« La commission du banquet réformiste du 12e arrondissement, forte de son bon droit, forte des marques de sympathie qui lui ont été données, forte aussi de la polémique soulevée dans les journaux en réponse à la prétention illégale de M. le ministre de l'intérieur, déclare persister dans sa résolution. Elle indiquera prochainement le jour de cette manifestation, qui n'a été retardée que sur la demande de plusieurs députés, retenus à la Chambre par la discussion de l'Adresse. »

On discutait, en effet, dans ce moment, à la Chambre des députés, le projet d'Adresse, où les banquets réformistes étaient imprudemment flétris « d'agitations soulevées par des passions ennemies ou aveugles. »

C'était une déclaration de guerre à l'opposition.

Aussi, quand vint la discussion du paragraphe où se trouvait la phrase malencontreuse, la lutte s'engagea avec fureur entre l'opposition et la majorité.

M. Marie déclare que le parti radical s'est associé aux banquets réformistes dans l'intérêt de la réforme et pour la réforme. Il affirme que les réunions sont parfaitement légales. « Le gouvernement, ajoute-t-il, pourra bien faire de cela une question de force, mais il n'en fera jamais une question de droit, légale et franche. »

M. de Maleville rappelle ces paroles, que M. Guizot prononçait en 1830 : « Les citoyens ont le droit de se réunir pour causer entre eux des affaires publiques, et il est bon qu'ils le fassent, *et jamais je ne contesterai ce droit;* jamais je n'essayerai d'atténuer les sentiments généreux qui poussent les citoyens à se réunir et se communiquer leurs sympathiques opinions... »

Ledru-Rollin rappelle la constitution de 1791, qui garantit comme droit naturel la liberté pour les citoyens de *s'assembler publiquement.* « Dans une société bien organisée, dit-il, on n'a pas le droit de nier les droits naturels, sous le prétexte qu'ils ne sont pas consacrés par un texte, sinon c'est nier la lumière... »

Les orateurs du gouvernement ne trouvèrent pas un argument sérieux à opposer à cela.

L'opposition néanmoins fut battue, et le dernier paragraphe de l'Adresse voté.

Mais la commission du banquet n'en poursuivit pas moins son but. L'opposition dynastique tergiversait encore, et il semblait que les circonstances vinssent en aide à l'esprit d'hésitation. Il y eut quelques difficultés pour le choix d'un emplacement. On finit par obtenir de M. Nitot un terrain situé à Chaillot, près de la barrière de l'Étoile, dans une rue qui s'appelait alors la rue du Chemin-de-Versailles, et qui, depuis, a reçu de l'événement le nom de rue du Banquet. Ce terrain fut loué pour dix jours moyennant une somme de 1,000 francs.

Le jour du banquet avait été fixé au 22 février, et rendez-vous était donné aux souscripteurs et aux invités, à onze heures, place de la Madeleine, pour, de là, se diriger par la place de la Concorde et les Champs-Élysées vers le lieu choisi pour la manifestation.

Mais au dernier moment, l'opposition dynastique prend peur et rédige une protestation où, après plusieurs considérations relativement au danger des collisions entre les peuples et leurs gouvernements elle engageait les citoyens à s'abstenir avec elle. « En ajournant ainsi l'exercice d'un droit, terminait-elle, l'opposition prend envers le pays l'engagement de faire prévaloir ce droit *par toutes les voies constitutionnelles.* »

C'était le billet de la Châtre.

M. de Lamartine s'indigne : — « Nous sommes placés par le gouvernement entre la honte et le péril ! s'écrie-t-il ; la place dût-elle être déserte, j'irai seul au banquet, sans autre compagnon que mon ombre. »

M. d'Alton-Shée et quelques hommes de *la Réforme*, tels que Rey, Lagrange et Caussidière, se rangèrent à cet avis.

La commission du banquet persista.

C'était le 21 février. Le maréchal Bugeaud disait à Louis-Philippe : — « Que Votre Majesté me donne le commandement de Paris, je me charge de faire avaler aux Parisiens le sabre d'Isly jusqu'à la garde. »

On sait le reste.

Trois jours après, Louis-Philippe fuyait, avec toute sa famille, vers l'exil, et le maréchal Bugeaud venait très-humblement mettre « le sabre d'Isly » au service de la République !

VII

LA RÉVOLUTION DE 1848.

Partout où la liberté de penser et d'exprimer son opinion existe sérieusement, le club est aussi bien de droit que le journal. Il est la conséquence naturelle, l'indispensable corollaire du droit de réunion, qui est lui-même, ainsi que nous l'avons dit au commencement de cet ouvrage, un des droits essentiels, antérieurs et supérieurs, de tout peuple librement constitué. C'est, en effet, la seule forme pratique de ce droit dans une nation assez considérable par le nombre pour que les réunions publiques, telles qu'elles avaient lieu à Athènes et à Rome, offrent de trop graves inconvénients. Le club n'est alors que la réunion partielle substituée à la réunion générale, il devient comme la monnaie de l'Agora ou du Forum. Or, toute la vie des nations est là. La presse est insuffisante, il faut le droit de réunion. On nous objecte l'ordre. Qu'entend-on par ce mot ? Est-ce le silence de la tombe, la rigidité du cadavre, l'immobilité de la mort?

En quoi, d'ailleurs, l'ordre serait-il exclusif d'une agitation salutaire, d'un sage exercice ? Les hommes ont-ils cessé d'être sociables? N'éprouvent-ils plus le besoin d'échanger des idées, de discuter des intérêts, de se rapprocher, de s'entendre ? Et s'ils éprouvent encore ce besoin, pourquoi leur en refuserait-on la satisfaction ? Si c'est un besoin, c'est un droit qu'il n'est permis, sous aucun prétexte, de leur arracher. Le désordre n'existe que là où le besoin ne peut être satisfait.

Au surplus, la meilleure preuve que nous puissions apporter à l'appui de cette thèse, c'est qu'à peine un peuple est-il rendu à la liberté et a-t-il recouvré le droit inaliénable et imprescriptible de pourvoir par lui-même à son gouvernement, que les réunions publiques partielles, ou clubs, naissent aussitôt et se multiplient dans son sein.

Nous en avons déjà eu l'exemple en 1790.

En 1830, la Révolution, escamotée à son début, ne permit pas aux mêmes causes de produire les mêmes effets.

Mais en 1848, le droit de réunion eut le temps de se developper et, dès le 25 février, un grand nombre de clubs politiques se formèrent immédiatement à Paris, si bien qu'au mois de juin suivant on n'en comptait pas moins de deux cents.

Nous ne parlerons pas de tous ces clubs : nous ne nous occuperons que des plus importants.

Le premier qui fut constitué, ce fut celui de Blanqui, dans la nuit du 24 au 25 février, au Prado, sous le nom de *Société républicaine centrale :* président, BLANQUI ; vice-président, *Théophile* THORÉ ; secrétaire, *Xavier* DURIEU, rédacteur en chef du *Courrier français*.

La salle consacrée aux essais dramatiques, au

Conservatoire de musique, fut choisie comme lieu de réunion.

« En entrant, dit M. Alphonse Lucas, par la porte de la rue Bergère, et pour être certain de trouver place, il fallait se résigner à faire queue à la suite d'une foule nombreuse d'hommes et de femmes appartenant à toutes les classes..... Le bureau, couvert d'un tapis vert, était placé sur la scène, à gauche des auditeurs. Les orateurs, pendant tout le temps qu'ils parlaient, se tenaient aussi sur la scène, à droite. »

Ces orateurs étaient ordinairement les citoyens Hippolyte Bonnelier, homme de lettres ; Arnould Frémy, homme de lettres; Alphonse Esquiros, homme de lettres ; Malapert, avocat ; Savary, employé, etc., etc.

Cette association se manifesta avec énergie au 17 mars et au 16 avril.

Ce fut elle qui, à l'occasion des Affaires de Rouen, lança la vigoureuse proclamation que nous allons transcrire :

LA SOCIÉTÉ RÉPUBLICAINE CENTRALE AU GOUVERNEMENT PROVISOIRE.

Citoyens,

« La contre-révolution vient de se baigner dans le sang du peuple : justice ! justice immédiate des assassins !

« Depuis deux mois, la bourgeoisie royaliste de

Rouen tramait dans l'ombre une Saint-Barthélemy contre les ouvriers. Elle avait fait de grands approvisionnements de cartouches.

« L'autorité le savait.

« Des paroles de mort éclataient çà et là, symptômes précurseurs de la catastrophe. Il faut en finir avec ces canailles! canailles en effet, qui avaient en Février, après trois jours de résistance, contraint la garde bourgeoise à subir la République.

« Citoyens du Gouvernement provisoire, d'où vient que depuis ces deux mois, les populations ouvrières de Rouen et des vallées environnantes n'avaient pas été organisées en garde nationale?

« D'où vient que l'aristocratie possédait seule l'organisation et les armes?

« D'où vient qu'au moment de l'exécution de son affreux complot, elle n'a rencontré devant elle que des poitrines désarmées?

« D'où vient la présence à Rouen du 28e régiment de ligne, ce sinistre héros du faubourg de Vaise en 1834?

« D'où vient que la garnison obéissait aux ordres de généraux ennemis déclarés de la République, d'un général Gérard, créature et âme damnée de Louis-Philippe?

« Ils avaient soif d'une sanglante revanche, ces sicaires de la dynastie déchue!

« Il leur fallait un massacre d'avril pour consolation d'un second Juillet! Leur attente n'a pas été longue.

« Les journées d'avril, deux mois après la révolution ! c'est aller vite, citoyens du Gouvernement provisoire.

« Et rien n'y a manqué, à ces nouvelles scènes d'avril ! ni la mitraille, ni les boulets, ni les maisons démolies, ni l'état de siége, ni la férocité de la soldatesque, ni l'insulte aux morts, l'insulte unanime des journaux, ces lâches adorateurs de la force ! La rue Transnonain est surpassée. A lire l'infâme récit de ces exploits de brigands, on se retrouve au lendemain des jours néfastes qui naguère ont couvert la France de deuil et de honte.

« Ce sont bien les mêmes bourreaux et les mêmes victimes ! D'un côté des bourgeois forcenés, poussant par derrière au carnage des soldats imbéciles qu'ils ont gorgés de vin et de haine ; de l'autre, de malheureux ouvriers tombant sans défense sous la baïonnette et la balle des assassins.

« Pour dernier trait de ressemblance, voici venir la cour royale des juges de Louis-Philippe se ruant comme des hyènes sur les débris du massacre, et remplissant les cachots de deux cent cinquante républicains. A la tête de ces inquisiteurs, est Franck-Carré, l'exécrable procureur général de la cour des pairs, ce Laubardemont, qui demandait avec rage la tête des insurgés de mai 1839. Les mandats d'amener poursuivent jusqu'à Paris les patriotes qui fuient la proscription royaliste.

« Car c'est une Terreur royaliste qui règne à Rouen, l'ignorez-vous, citoyens du Gouvernement provisoire ? La garde bourgeoise de Rouen a repoussé avec fureur la République au mois de février ; c'est la République qu'elle blasphème et qu'elle veut renverser

« Tout ce qu'il y avait de républicains de la veille a été jeté dans les fers. Nos propres agents sont menacés de mort, destitués, gardés à vue.

« Les magistrats municipaux Lemasson, Durand, ont été traînés par les rues, les baïonnettes sur la poitrine, leurs vêtements en lambeaux. Ils sont au secret, de par l'autorité des rebelles ! C'est une insurrection royaliste qui a triomphé dans la vieille capitale de la Normandie, et c'est vous, gouvernement républicain, qui soutenez ces assassins révoltés !...

« Est-ce trahison ou lâcheté ? Êtes-vous des soliveaux ou des complices ?

« On ne s'est pas battu, vous le savez bien ! on a égorgé ! et vous laissez raconter glorieusement les prouesses des égorgeurs ! Serait-ce qu'à vos yeux, comme à ceux des rois, le sang du peuple n'est que de l'eau bonne à laver, de temps en temps, des rues trop encombrées ? Effacez donc alors, effacez de vos édifices ce détestable mensonge en trois mots que vous venez d'y inscrire : Liberté, égalité, fraternité !

« Si vos femmes, si vos filles, ces brillantes et frêles créatures, qui promènent dans de somptueux équipages leur oisiveté tissue d'or et de soie, étaient jetées tout à coup à vos pieds, la poitrine ouverte par le fer d'ennemis sans pitié, quels rugissements de douleur et de vengeance vous feriez retentir jusqu'aux extrémités du monde !

« Eh bien ! allez ! allez voir étendus sur les dalles de vos hôpitaux, sur la paillasse des mansardes, ces cadavres de femmes égorgées, le sein troué de balles bourgeoises, ce sein, entendez-vous, qui a porté et nourri les ouvriers dont la sueur engraisse les bourgeois.

« Les femmes du peuple valent les vôtres, et leur sang ne doit pas rester sans vengeance !

« Justice donc, justice des assassins!...

« Nous demandons :

« 1° La dissolution et le désarmement de la garde bourgeoise de Rouen;

« 2° L'arrestation et la mise en jugement des généraux et des officiers de la garde bourgeoise et de la troupe de ligne, qui ont ordonné et dirigé le massacre;

« 3° L'arrestation et la mise en jugement des soi-disant membres de la cour d'appel, séides nommés par Louis-Philippe, qui, agissant au nom et pour le compte de la faction royaliste victorieuse, ont emprisonné les magistrats légitimes de la cité et rempli les cachots de républicains;

« 4° L'éloignement immédiat de Paris des troupes de ligne qu'en ce moment même les réacteurs dressent, dans des banquets fratricides, à une Saint-Barthélemy des ouvriers parisiens.

« Pour la Société républicaine centrale :

« *Les membres du bureau* « : L. Auguste BLANQUI, *président ;* C. LACAMBRE D. M. P., *vice-président ;* FLOTTE, *trésorier ;* Pierre BERAUD ; LOMUÉ ; G. ROBERT, *secrétaires,* LACHAMBAUDIE; CROUSSE ; PUJOL; JAVELOT jeune, BRUCKER, FOMBERTAUX, *membres du bureau.* »

La Société centrale républicaine, qui avait été si vivement émue par les massacres de Rouen, ne le fut pas moins par les massacres de Pologne. Aussi la voit-on, au 15 mai, prendre une large part à la manifestation qui se fit à ce sujet.

Blanqui, un peu avant cet incident, eut à se défendre contre une de ces calomnies si adroitement ourdies que, comme l'a trop bien dit Basile, elles laissent toujours quelque chose.

Les frères Taschereau, coryphées de la réaction, s'étaient mis à publier, sous prétexte d'histoire, une *Revue rétrospective* où la réputation des contemporains était outrageusement attaquée. Le premier numéro de ce recueil, en date du 2 avril, contenait sous ce titre : *Affaire du* 12 *mai,* une pièce qui ne tendait pas à moins qu'à transformer Auguste Blanqui en mouchard, ou pour plus d'euphémisme, à le placer, comme dit M. Rittiez, « dans la catégorie des hommes qui, par peur ou par calcul, livrent les secrets de leurs coreligionnaires politiques. »

Blanqui dut se défendre.

Il fit remarquer que le document qui lui était imputé n'avait aucun caractère de paternité positive, et que, surtout, le style n'avait aucun rapport avec le sien.

« Si ce n'est pas mon style, dit-il, c'est encore moins mon écriture. — Mais vous avez dicté. — Non. Il y a dans certaines parties de ce morceau une certaine recherche de forme qui ne permet pas de supposer une improvisation au courant de la parole, j'ai dû rédiger ; où est le manuscrit ? J'étais prisonnier, je ne pouvais le soustraire, et on avait à le posséder un intérêt capital. Pas de signature non plus! Est-ce croyable? Comment! voici un vieil ennemi des plus dangereux rendu à merci, prosterné aux pieds du vainqueur, livrant à discrétion son passé, toute sa personne, et on ne prend contre lui aucune garantie, on ne lui demande aucun gage! et, dès le lendemain, ce lâche se redresse de toute sa hauteur devant la Cour des pairs; il brave ses juges de ses paroles; il les brave de son silence! Comment accorder cet excès de lâcheté, le 22 octobre, avec cet excès d'audace, le 14 janvier, en présence même du péril?... »

Ceci est vraiment fort étrange.

Richelieu disait: « Qu'on me donne deux lignes d'un homme et j'y trouverai de quoi le faire pendre. »

Ici, on n'avait pas même ces *deux lignes* de Blanqui.

On lui présente un manuscrit d'une provenance étrangère, inconnue, et on lui dit: Ceci est de vous!

Que répondre à cela? Rien, si ce n'est que, dans de telles conditions, il n'est plus un honnête homme que l'on ne puisse faire pendre, en lui attribuant tous les crimes qu'il plaira à n'importe qui de mettre sur son compte.

Auguste Blanqui posait ensuite la question de trahison, et il disait: « Une trahison! mais pourquoi? Pour sauver ma tête qui n'était point menacée, chacun le sait bien? L'échafaud n'avait pu se dresser dans le paroxysme de vengeance, pouvait-il se relever après huit mois d'apaisement et d'oubli?... »

Tout cela était parfaitement net, clair, précis et aurait dû laisser un autre que Blanqui plus blanc que neige.

Mais la réaction s'intéressait à la calomnie, parce que, dans le parti révolutionnaire, il n'y avait aucun homme qui lui parût plus redoutable que Blanqui ; en outre, des antipathies mystérieuses, que rien n'explique, pas même les motifs de compétition, égarèrent, en cette circonstance, certains hommes dont le dévouement chevaleresque à la cause démocratique ne permet pas de suspecter, un seul instant, la bonne foi, et leur firent désormais regarder Blanqui comme un ennemi. Ce fut un malheur, car c'était le triomphe de la réaction. On était ainsi parvenu à diviser les éléments les plus vivaces, les plus actifs du parti républicain.

Nous ne ferons pas à Blanqui, ce soldat infatigable de la démocratie, cet implacable ennemi du despotisme, dont trente ou quarante ans de torture et de cachot n'ont pu affaiblir l'espérance et la foi, l'injure de le défendre davantage. Un mot encore, cependant.

On a dit que ce qui avait animé la colère de Blanqui contre le Gouvernement provisoire, c'est qu'il pensait que Ledru-Rollin seul avait pu, dans l'intention de le perdre, communiquer aux frères Taschereau le document dont nous venons de parler. Il n'y a qu'un mot à répondre : le 28 février, Blanqui n'était-il pas aussi mal disposé vis-à-vis de l'Hôtel de Ville qu'après la publication du premier numéro de la *Revue rétrospective* ?....

Plusieurs écrivains réactionnaires se sont efforcés aussi de persuader que la *Société des Droits de l'homme et du citoyen* n'avait été fondée, sous l'influence de Ledru-Rollin, que pour diviser le parti démocratique, paralyser l'action de la *Société centrale républicaine*, et mieux assurer, par ce moyen, la tranquillité du Gouvernement provisoire. La date seule de la création de la *Société des droits de l'homme et du citoyen* est le complet anéantissement d'une telle hypothèse. Dès le 26 février même, cette société était constituée, et elle lançait, à la date du 27, un manifeste vigoureux, qui eut un grand retentissement. Or, on sait que ce n'est que ce même jour que s'était constituée la *Société centrale républicaine*.

Voici les renseignements que nous trouvons sur la *Société des Droits de l'homme et du citoyen*, dans l'ouvrage déjà cité : *Clubs et Clubistes* :

Comité central, Palais-National ; club central, rue Saint-Martin, dans une des salles du Conservatoire des arts et métiers. Membres du comité central : VILLAIN, NAPOLÉON LEBON, V. CHIPRON, A. HUBER, A. BARBÈS. — Annexes du club central, 1er arrondissement, rue de Ponthieu (salle de l'école communale) ; 3e arrondissement, rue du Gros-Chenet : (salle de l'école communale) ; 5e arrondissement, rue Albouy, 15 ; 7e arrondissement, rue du Chaume, aux Archives ; 11e arrondissement, rue Saint-Jean-de-Beauvais (salle de l'école communale) ; 12e arrondissement, rue Mouffetard, 60. — Commissaires d'arrondissements : Munier, modeleur en marbre; Michel-Émile-Guy d'Amour, dentiste ; Benoit, peintre en bâtiments ; Legris ; Gariaud, peintre d'histoire; Ramel ; Quincandon ; Rossignol ; Veriot ; Narcisse Lucas ; Furcouf, marchand de vins ; Derest, cordonnier ; Maxens, employé ; Pierrugues ; Pelin, peintre d'histoire ; Débard.

Les orateurs ordinaires du club central étaient les citoyens : Souchard, Roucherot, avocat ; Victor Leroux ; Cavelier ; Roland ; Forest ; Bouchot, avocat ; Lefondeur ; Dutertre ; Vannier ; Damenelle ; Commerson, etc., etc.

Joseph-Léopold Villain, le président de la *Société* était un homme à convictions profondes, à idées avancées, et qui avait de longue date donné des gages sérieux à la démocratie. Louis Blanc, dans son *Histoire de dix ans*, a rendu justice à son dévouement, à son intelligence, à la noblesse de ses sentiments, à l'énergie de son caractère ; doué d'une stature imposante, d'une force herculéenne, d'une voix puissante, d'une élocution facile, il exerçait sur les masses une influence irrésistible. C'était un tribun, dans toute l'acception du mot. Il avait pris part, en 1834, à l'insurrection d'avril, et il était détenu, à raison de ce fait, l'année suivante, à Sainte-Pélagie, lorsqu'il parvint à s'évader avec vingt-cinq de ses compagnons de captivité. Aidé par ses amis, Barbès et Étienne Arago, il avait pu gagner l'Angleterre, d'où il n'était revenu que longtemps après.

Les principes dont s'inspirait la *Société* étaient les mêmes que ceux dont Babœuf avait donné la formule sous notre première Révolution.

Les séances au club central n'étaient ni moins

suivies, ni moins animées que celles de la *Société républicaine.*

La *Société des droits de l'homme* s'était proposé un double but : discuter, agir.

Les pièces suivantes vont nous initier à son organisation.

Instruction pratique concernant l'affiliation dans la Société des droits de l'homme.

« Ne doit être enrôlé dans la société des Droits de l'homme, que tout citoyen qui présente les garanties suivantes :

« 1° Il faut qu'il ait fait abnégation de son individualité d'une manière absolue pour le service de la société. La société, en retour, s'engage vis-à-vis de lui à se mettre tout entière sur pied, s'il en est temps, pour le défendre ; s'il ne l'est plus, pour le venger. C'est ainsi qu'elle comprend le principe de la solidarité.

« 2° L'organisation de la société étant toute militaire, il sera à sa disposition toutes les fois que le comité central aura décidé une permanence, soit sans armes, soit armée. Il ne pourra arguer pour sa défense, s'il manquait à l'appel, ni de ses liens de famille, ni de ses affaires personnelles ; dans le cas seulement où il y aurait conflit *entre l'accomplissement de ses devoirs de citoyen et ceux de sociétaire,* il serait tenu de produire pour sa défense une décharge du commissaire d'arrondissement.

« 3° Il adhérera au règlement de la société et à la

Déclaration des droits de l'homme et du citoyen, sans restriction aucune.

« 4° Il devra assister aux réunions soit du club central, soit des clubs affiliés *qui lui seront indiqués* par son chef de section, *afin de parfaire son éducation politique*, si elle ne l'est pas, ou de répandre les principes de la Déclaration des droits, s'il les possède à fond.

« 5° Lorsqu'un candidat aura été reconnu par un sectionnaire apte à entrer dans le sein de la société, il devra le présenter au chef de section le plus près du domicile du candidat. Le chef de section fera l'examen du candidat, et le présentera à la plus prochaine réunion de la section. Son inscription comme candidat fera mention : 1° de son nom de famille et de ses prénoms; 2° de sa profession; 3° de sa demeure; 4° de son état d'armement. »

SOCIÉTÉ DES DROITS DE L'HOMME.

Réunion extraordinaire des sections du cinquième arrondissement stratégique, rue Albouy, 15.

« La société des Droits de l'homme est un vaste corps armé pour la défensive ou l'offensive, suivant la marche du gouvernement républicain. Elle se divise, à Paris, en six ou sept arrondissements stratégiques qui se partagent inégalement douze mairies ou circonscriptions administratives, afin de ne pas être confondus avec les légions de la garde nationale. Les bureaux d'arrondissement sont à peu près constitués.

Leurs présidents portent le nom de *commissaires d'arrondissement*. Il y a dans chaque arrondissement *quatre quartiers* ayant chacun un chef dit chef de quartier. — Viennent ensuite les *sections*, qui sont composées de cinquante hommes chacune. La section est présidée par son chef; il y a, en outre, un sous-chef de section et quatre décurions. On travaille, en ce moment, à organiser et à multiplier les sections dans chaque arrondissement stratégique. La réunion de ce soir a été ordonnée pour donner aux chefs de section et de quartier des instructions particulières pour la propagande et les affiliations.

« Le cinquième arrondissement stratégique, dont le président montre le plan à l'assemblée, paraît le plus important. Il coupe trois arrondissements administratifs et comprend les quartiers les plus populeux, tels que les rues Saint-Denis, Montmartre, Saint-Martin, du Temple, et les faubourgs correspondants.

« Le président se nomme Garriaud; le secrétaire, Delestre.

« Le citoyen Villain, président du club central de la société des Droits de l'homme, écrit au commissaire Garriaud pour l'inviter à presser les sections désorganisées et les étendre le plus possible par l'affiliation. Il lui demande ensuite de mettre trente hommes à sa disposition, savoir : *dix* chaque matin à sept heures, pour faire un service d'ordre auprès du comité révolutionnaire au Palais-National pendant trois jours. Ces hommes devront être choisis de préférence parmi ceux qui ne travaillent pas. Ils seront nourris pendant la durée de leur service. Le président invite ceux qui seront de bonne volonté à s'inscrire immédiatement pour faire ce service. Il s'en présente plus qu'il n'en faut. Le rendez-vous est au Château-d'Eau, à sept heures. — Un membre demande s'il faut être armé; le président répond que non; mais il ajoute que le comité central invite tous les sectionnaires qui n'auraient pas de fusil à aller en demander aux mairies, parce que, d'un instant à l'autre, la société tout entière pourrait être appelée à prendre les armes, et son devoir est de se mettre en mesure d'agir au premier signal.

« Les chefs de quartier rempliront provisoirement les fonctions de chefs de section jusqu'à ce que celles-ci soient entièrement organisées.

« La séance est levée à dix heures. Une nouvelle réunion aura lieu samedi prochain au même lieu et à la même heure. »

Il n'y a, dans cette pièce, que nous empruntons au rapport de la commission d'enquête, aucune indication de date ni de provenance. Il ressort seulement du texte que c'est un rapport de police. Quant à la date, elle ne doit pas remonter à plus de quatre ou cinq jours avant le 15 avril. Nous l'avons donnée, parce qu'elle contient des renseignements de nature à fixer complétement le lecteur sur le caractère de cette société, caractère qui, comme nous l'avons déjà dit, se scinde en deux : celui de l'apôtre et celui du soldat.

On a reproché au club des Droits de l'homme et du citoyen de s'être organisé militairement : était-ce défendu? Non. Dans un pays où « tout citoyen est garde national, » c'est de l'égalité que chaque citoyen soit armé. L'inégal, l'injuste, l'inique, l'anormal, c'est que, dans un pareil pays, quelques citoyens, seulement, soient armés, tandis que la majorité ne l'est pas.

Au surplus, tout ce qui se faisait ou disait aux séances de ce club n'avait rien que de parfaitement conforme aux sentiments dont peuvent et doivent être animés des cœurs sincèrement républicains. Mais les membres de la société des Droits eurent, aux yeux de la réaction, un grand tort : ils crurent de bonne foi à l'avenir de la République ! Nous ne saurions leur en faire un crime.

Le *club de la Révolution* fut aussi un des foyers républicains les plus actifs. Il fut fondé, quelques jours après la Révolution, par les citoyens Barbès, Lamieussens, Longepied, Numa, Marc-Dufraisse, Cahaigne, Thoré, Laborde, Pichon et Raison.

A ces citoyens se joignirent bientôt ceux dont les noms suivent : Berrier-Fontaine, Sobrier, Proudhon, Pierre Leroux, Étienne Arago, Paul Guichenet, Gornet et plusieurs autres.

La première séance publique de ce club eut lieu le 21 mars dans la salle du bal Molière, située rue Saint-Martin.

Le discours suivant, de Marc-Dufraisse, fit connaître l'esprit et le but de cette association :

« Citoyens,

« Depuis notre victoire de Février, depuis que les lois contre les associations ont été abrogées de par la loi sainte de l'insurrection, il s'est formé sur le champ de bataille même un grand nombre de sociétés populaires.

« Tant mieux ! C'est la continuation pacifique de la lutte armée, c'est le bivouac intellectuel de la vaillante cité. L'affluence des travailleurs vers les clubs est de bon augure ; elle est la preuve de l'immense intérêt que prend le peuple au mouvement révolutionnaire. Il comprend enfin, il sent, il veut que, faite par lui, la Révolution soit faite pour lui ; il entend, c'est son droit, c'est son devoir, que la Révolution, achetée de son sang, enfante les fruits démocratiques et égalitaires qu'elle porte dans son sein.

« Tant mieux, encore une fois, tant mieux ! Mais il faut nous l'avouer, la plupart des sociétés populaires, jusqu'à ce jour brusquement improvisées, tumultueusement formées, ont plutôt juxtaposé que lié ensemble les citoyens qui les composent. Intérieurement, elles ne fonctionnent pas aussi parfaitement que le peuple le désire ; elles sont sans relations entre elles, sans rapports. Il faut, dès le début, couper court et vite à ce mal de l'anarchie.

« Constituer dans Paris un club révolutionnaire ; le composer des hommes qui ont dès longtemps donné à la France des gages éclatants de leur patriotisme, des républicains éprouvés par la lutte, par le feu, par la persécution et par le martyre, des penseurs et des écrivains qui ont consacré leurs veilles à l'élaboration des grandes idées réformatrices ; réunir sous une même règle les démocrates de vieille date, qui se connaissent entre eux, qui s'aiment et s'estiment ; les relier ensemble par les liens étroits de sympathies anciennes et d'une solidarité religieuse dans le passé et dans l'avenir, c'est donner à nos concitoyens un exemple de constitution solide et de bonne discipline, utile à suivre pour fonder, avec d'autres groupes révolutionnaires, des clubs homogènes et durables ; c'est avoir en même temps organisé, dès les premiers jours de la Révolution, une force intellectuelle et morale qui ne sera peut-être pas sans influence sur la marche de ses destinées.

« Tous, vous sentez l'action immense que notre club, prudemment recruté, vigoureusement organisé, bien conduit, peut et doit exercer sur les événements contemporains. Des vétérans comme vous n'ont pas besoin, pour la comprendre, d'entendre développer cette pensée.

« Aussi n'avez-vous demandé à connaître que le but spécial, actuel et immédiat du club de la Révolution. Son but, dans l'acception la plus large du mot, son but ultérieur, permanent, sa fonction dans les temps que nous allons traverser, son œuvre à entreprendre et à accomplir, le club de la Révolution le dira plus tard ; l'exposé de ses principes, de ses doctrines, de ses tendances, de la fin suprême vers laquelle il marchera, ne peut être que le travail médité, mûri, nettement formulé, d'un comité que vous choisirez dans votre sein. Je dois, vous le sentez bien, décliner cette tâche trop lourde pour moi. Je ne puis ni ne veux en prendre le labeur et la responsabilité exclusifs.

« Je n'ai pas d'autre intention, comme vous n'avez

pas d'autre désir, que de préciser le but prochain et transitoire de notre association.

« Les clubs de Paris, je le disais en commençant, n'ont entre eux aucun lien d'affinité, aucune force de cohésion; ils sont éparpillés, sans communication entre eux, anarchiques enfin, intérieurement et extérieurement. Ils se régulariseront eux-mêmes par leur action propre sur eux-mêmes, sur leurs éléments; leur spontanéité intelligente ne faillira pas à ce travail.

« Mais ce n'est là que la moitié du bien et du bon; il faut les rapprocher entre eux, non pas que nous aspirions à les fondre en nous, non; nous ne visons pas à cette dictature.

« Nous nous bornerons à les inviter tous, par des messages, à déléguer chacun un certain nombre de citoyens dont le concours constituera un club central de tous les clubs. Cette assemblée, que j'appellerai fédérale, sera le point de jonction où convergeront les pensées de chaque société populaire, d'où rayonneront vers chaque club les idées qui se seront révélées par la discussion dans ce centre intellectuel.

« Notre club conservera, lui, aussi longtemps que nous le croirons utile, son existence propre et séparée; il aura sans doute son influence dans le *Club central* auquel nous allons concourir. Chacun de vous, à raison de ses antécédents et de la confiance qu'il inspire, peut espérer y obtenir une large place de crédit et d'action; mais ce crédit sera tout personnel, cette action tout individuelle. Notre club, que cela soit bien compris entre nous, n'entend et ne veut avoir sur les autres clubs aucune suprématie absorbante ; il se bornera à provoquer une centralisation aussi complète, aussi rigoureuse que possible. Voilà toute son ambition.

« Nous nous proposons aussi un second but : la grande œuvre du moment, l'œuvre capitale, ce sont les élections des représentants à l'Assemblée nationale constituante.

« Le club de la Révolution ne peut pas, ne doit pas rester muet, inactif et impassible dans cette lutte solennelle de l'opinion. Un comité pris dans son sein se consacrera tout entier à ce travail. Il appuiera à Paris et dans les départements les candidatures radicalement démocratiques, et leur prêtera un concours actif, énergique, par ses émissaires et par ses publications. Il s'efforcera d'ouvrir les portes de la Constituante aux hommes qui représentent les intérêts et les besoins populaires, les droits de la classe la plus nombreuse et la plus pauvre, les vœux légitimes des vingt-six millions de déshérités ; il recueillera dans son sein et donnera une tribune révolutionnaire aux républicains de toutes les écoles socialistes. Il faut que toutes les idées réformatrices aient leur auditoire et leur trépied.

« Enfin, le club de la Révolution prêtera un appui loyal et énergique, un concours sincère et vigoureux au gouvernement provisoire de la République. Nous avons le courage de le dire, tous les hommes qui siégent à l'Hôtel de Ville, pris individuellement, ne nous inspirent ni la même confiance, ni la même sympathie. Il en est que nous entourons, plus que d'autres, de nos affections révolutionnaires, parce qu'ils nous paraissent représenter plus complétement l'esprit de la Révolution et ses tendances égalitaires; mais nous croyons devoir, quant à présent, les étayer tous collectivement de notre appui. Nous défendrons les élus de l'insurrection, ceux que le peuple en armes a oints et sacrés; nous les défendrons, non parce qu'ils sont le dernier mot du progrès et de la réformation, mais parce que, pour le moment, ils incarnent la victoire de Février. Nous les défendrons comme la veille du 10 août Robespierre et les Jacobins défendaient la Constitution de 1791; nous les défendrons contre l'esprit de réaction d'une part, et de l'autre contre l'imprudence et l'exagération de certaines impatiences, de certaines témérités; nous défendrons, dans le cas surtout où l'accord entre eux viendrait à se rompre, ceux qui ont le mieux accusé et accentué le sentiment et la tradition révolutionnaires qui vivent en nous.

« Mais nous devons aussi exprimer loyalement et hautement nos réserves. Notre appui ne sera pas aveugle; tant que la dictature marchera dans le mouvement que l'insurrection lui a imprimé, nous serons avec elle, nous serons pour elle; notre concours est à ce prix. Mais nous la surveillerons sans cesse; nous la tiendrons à l'œil, si je puis m'exprimer ainsi. Et si l'Hôtel de Ville violait les conditions de son investiture, nous reprendrions aussitôt l'allure que nous avons toujours gardée contre ceux qui oublient leur devoir et la sainteté de leur mission! »

Le bureau du club de la Révolution était ainsi composé : Barbès, président ; Raison, vice-président ; E.-A. Dambel, secrétaire. L'organe du club, au dehors, était le journal *le Travail*, rédigé par les citoyens E.-A. Dambel et Dupré.

Barbès avait, comme Blanqui, beaucoup souffert pour la cause de la liberté. Il avait été condamné à mort par la chambre des pairs. Une partie de ses jours s'était écoulée à l'ombre des cachots. La Révolution de 1848 venait, à lui aussi, de briser ses fers. Sa tête était belle, calme, imposante, et la pâleur des prisons, répandue sur son teint, donnait encore à sa physionomie un caractère de mélancolie rêveuse qui complétait chez lui l'extérieur de l'apôtre et du martyr. D'ailleurs, cœur large, généreux, ardent, dévoré de l'amour du bien ; nature en un mot éminemment et justement sympathique. — Le peuple trouvait en lui une éclatante victime de la tyrannie, et lui avait donné toute son affection.

Barbès crut, comme tant d'autres, que la France républicaine devait voler au secours de la Pologne agonisante... Il fut une des victimes du 15 mai. On l'arrêta et on le remit en prison.

Depuis, son fauteuil présida à sa place, au *Club de la Révolution*. Les vice-présidents se rangeaient avec respect autour de ce siége vide. Mais le club ne voulut pas se borner à ce muet témoignage de respect et d'admiration vis-à-vis de son fondateur : il lui vota l'adresse suivante :

LE CLUB DE LA RÉVOLUTION A BARBÈS.

Frère,

« La prison ne nous a enlevé que ta personne; ton âme est toujours en nous. Les yeux fixés sur ta place vide, nous y puisons le souvenir, l'exemple et l'espoir.

« Nous ne t'exhortons pas au courage, nous savons que la persécution le retrempe. Nous ne te disons rien de nos sympathies, nos cœurs et le tien vivent d'une vie commune.

« Ce qu'il faut que nous te disions, si l'écho du monde extérieur n'a pu te le dire, c'est que la liberté, l'égalité, la fraternité, sont en péril et qu'une lutte déplorable peut s'engager au nom de ce symbole sacré qui t'a fait deux fois martyr.

« La réaction, contre laquelle t'emportait, il y a quelques jours, l'un de ces généreux élans qui n'appartiennent qu'aux cœurs d'élite, la réaction grandit autour de nous à chaque heure ; la République du privilége, aveugle auxiliaire de la royauté, se dresse et menace de barrer la route que, depuis soixante ans, la démocratie s'est péniblement frayée par la parole, par la plume et par le fer.

« Une nouvelle crise sociale s'approche ; la responsabilité en retombera sur ceux qui l'auront provoquée, grâce à l'inintelligence des uns, au mauvais vouloir des autres. Nous le disons avec une profonde tristesse, cette victoire de Février, qui devrait être, au point de vue humanitaire, le complément glorieux de l'œuvre de nos pères, ne laissera peut-être, dans l'histoire, d'autre souvenir que le souvenir d'un coup de vent entre deux tempêtes...

« Quoi qu'il arrive, frère, le drapeau que ton bras a si courageusement soutenu, nous trouvera tous serrés autour de lui. Vienne la lutte, vienne l'organisation, nous ne ferons qu'un avec toi.

« Nous t'attendons. A bientôt, Barbès. »

19 juin 1848.

Les membres du bureau
du club de la Révolution,

A. Raison, Chilman, Arthur Dangeliers, Aimé Banne, Millière, Kersausie, J. Langlois, Charles Furet, A. Damcel, Jouy.

La *Commission instituée pour la défense des principes républicains*, avait été fondée par Sobrier, aux premiers jours de mars 1848, et siégeait rue Blanche, 25. Sobrier en était le président. Cette association fut la première manifestation de la défiance qu'inspiraient aux républicains sincères les républicains grimés du *National*. Elle s'était donnée pour mission de défendre contre ces derniers la véritable république. A peine fondée, elle se signale par l'affiche suivante :

RÉPUBLIQUE FRANÇAISE.

Liberté, Égalité, Fraternité, Solidarité.

COMMISSION INSTITUÉE POUR APPELER A LA DÉFENSE DE LA RÉPUBLIQUE TOUS LES PATRIOTES ÉPROUVÉS.

« Une vigilance incessante, un patriotisme éclairé, un dévouement énergique, tels sont les sentiments qui animent le Gouvernement provisoire, tels sont ceux que la République réclame.

« Que tous les bons citoyens lui viennent en aide!

« Les souvenirs de la curée de 1830 ont réveillé des appétits qu'il est urgent de modérer. Déjà les habiles ont, à force d'obsessions ou de ruses, obtenu des nominations peu méritées; il est temps d'éclairer le gouvernement dont ils ont surpris la religion.

« Pour arrêter le Gouvernement provisoire sur une pente aussi glissante, un grand nombre de citoyens éprouvés ont nommé une commission chargée de réclamer le concours des patriotes restés purs; les citoyens dévoués sentiront le besoin de s'unir plus étroitement que jamais, car de leur unité dépend le salut de la République.

« Cet appel n'est pas seulement fait aux nombreux patriotes de Paris, mais à ceux de la France entière; il faut que le gouvernement soit éclairé sur la valeur de ces rapaces, qui surgissent invariablement le lendemain d'une victoire. Il faut qu'il sauve la France en rendant impossible à jamais une nouvelle tyrannie.

« Le citoyen SOBRIER, *ex-délégué du peuple au département de police, rue Blanche* 25, *chez lequel se réunira la commission, a été désigné pour recevoir les adhésions.*

« La commission se compose des citoyens : BIANCHI, négociant, rue de Provence 6 ; BERGERON, homme de lettres et courtier d'assurances; CAHAIGNE, rédacteur en chef de *la Commune de Paris;* LOUCHET, négociant; Auguste LUCHET, homme de lettres; GANEAU (dit le *Mapah*), marchand de bric-à-brac; PILHES, libraire ; Félix PYAT, homme de lettres; LECHULLIER, courtier d'assurances; SOBRIER, propriétaire; Théophile THORÉ, homme de lettres; RAISON, homme de lettres; HUILLERY, compositeur ; VAULABELLE, frère de l'ex-ministre; DELAHODDE; ROIVIN, négociant; A. LEROUX, homme de lettres; Edouard SEGUIN, homme de lettres. »

Arrivons au *Club des clubs* ou *Comité révolutionnaire pour les élections à l'Assemblée nationale constituante.*

Ce club, fondé en mars 1848, fut une émanation du club de la Révolution. Son existence se révéla par l'affiche suivante :

COMITÉ RÉVOLUTIONNAIRE.

POUR LES ÉLECTIONS A L'ASSEMBLÉE NATIONALE.

Citoyens,

Le salut de la République dépend de l'Assemblée nationale.

Il faut que l'Assemblée nationale représente le sentiment et la volonté du peuple; tous nos efforts doivent donc tendre à nommer pour représentants du peuple des républicains décidés à faire triompher la cause de l'égalité.

Nous n'avons encore que le nom de République ; il nous faut la chose.

La réforme politique n'est que l'instrument de la réforme sociale.

La République devra satisfaire les vœux des travailleurs et abolir le prolétariat.

C'est pourquoi les patriotes soussignés ont institué un comité central qui fait appel à tous les vrais républicains, afin de constituer des comités spéciaux dans tous les arrondissements de Paris.

La réunion générale aura lieu aujourd'hui, 18 mars, salle Molière.

Vive la République!

BARBÈS; CAHAIGNE; LOUCHET; BONNIAS; PILHES; SOBRIER; THORÉ; BIANCHI; RAISON; MARTIN; BERNARD; L'HÉRITIER (*de l'Ain*); GRANDMÉNIL.

Le 25 mars, le Club des clubs faisait insérer dans *la Commune de Paris, Moniteur des clubs*, l'avis suivant signé des citoyens Guichenet, Gornet et Longepied.

Avis important.

« Le Comité révolutionnaire, qui a déjà pris l'initiative d'une réunion de délégués des différents clubs, invite de nouveau les délégués de tous les clubs républicains et de toutes les corporations d'ouvriers du département de la Seine à se réunir en comité central pour les élections à l'Assemblée nationale, dimanche prochain, 26 mars, à sept heures du soir, au Palais-National, ci-devant Palais-Royal.

« On sera reçu par deux citoyens à la grande grille d'entrée, sur la place, en face du Château d'eau. »

En outre, cet autre avis avait été affiché :

A TOUS NOS CONCITOYENS :

« Nous prions nos concitoyens, et notamment nos frères les ouvriers, de se présenter dans la journée d'aujourd'hui à leurs mairies respectives pour demander et, au besoin, exiger leur inscription sur les listes électorales. Nous leur rappelons que le délai fixé par le Gouvernement provisoire expire ce soir à minuit. Nous invitons nos concitoyens, dans le cas où il leur serait fait quelque difficulté, à en référer immédiatement au Gouvernement provisoire.

« *La commission de surveillance du club de la Révolution.*

« RIBEYROLLES; CAHAIGNE; GALLOT; DAVIOT; LAUGIER; DELAVIGNE. »

Le 27 mars, *la Commune de Paris,* s'adressant aux chefs de club, leur faisait part en ces termes du résultat de la séance du 26 du club central :

« La deuxième réunion des délégués des clubs de Paris et de la banlieue, au nombre de *soixante et onze*, a eu lieu au Palais-National (ex-Palais-Royal).

« Une nouvelle convocation est indiquée pour demain, mardi, à deux heures, salle des Batailles. Vous êtes prié de faire représenter votre club, si déjà vous ne l'avez fait, par trois délégués munis de pouvoirs réguliers. »

Cette note était signée des membres du bureau du *Comité révolutionnaire*, bureau qui était ainsi composé :

Huber, *président* : Louis Deplanque, *vice-président* ; Longepied, *idem* ; Armand Barbès ; Cahaigne ; Marius Chavant ; C. Danse ; Adrien Delaire, *ouvrier ébéniste* ; Deleau, *docteur en médectne* ; Hippolyte Gadon ; Adolphe Laugier, *journaliste* ; Lebreton, *négociant en vins* ; C. Thiècle, *caporal de la ligne* ; et Laroque, *membres du bureau.*

« A cette séance, dit M. Alphonse Lucas, le comité des Droits de l'homme exigea une place dans la commission exécutive du Club des clubs. Bientôt le comité révolutionnaire, ayant reçu des adhésions en grand nombre, se trouva composé des délégués de près de deux cents clubs, de ceux de la garde nationale et des corporations d'ouvriers, de tous les membres du club de la Révolution et d'un certain nombre de sectionnaires de la société des Droits de l'homme. »

Pour mieux préciser, empruntons quelque chose à la *note de la commission d'enquête sur le Club des clubs*.

« Le Club des clubs, dit cette note, s'occupait principalement des prochaines élections par le suffrage universel.

« Longepied imagina de centraliser, dans ce but, tous les clubs de Paris et de la banlieue. Il appela trois délégués de chacun de ces clubs et procéda de suite à une organisation électorale.

« Des délégués furent envoyés dans les quatre-vingt-six départements. Le registre nominal de ces délégués porte leur nombre, en moyenne, à quatre par département. Chacun d'eux avait pris, sur reçu, un exemplaire des instructions qu'il devait suivre. Presque tous ouvrirent une correspondance avec le président et remirent un rapport circonstancié de leur mission.

« Le Club des clubs faisait un résumé de la correspondance des agents, et on peut ainsi apprécier l'importance de ce travail. Presque tous les départements ont un dossier spécial, intitulé : *Résumé du département de...* D'un coup d'œil on se rendait compte de la situation de ce département.

« Indépendamment de cette partie de leur mission, que l'on pourrait considérer comme administrative, on reconnaît, en outre, que les agents du Club des clubs étaient chargés d'organiser, autant que possible, des clubs d'ouvriers et des clubs militaires, dans lesquels le mérite des candidats serait discuté. On y discutait également le mérite des opinions des officiers.

« Inutile de répéter ici que ces agents étaient soldés par Longepied, partie prenante au budget des fonds secrets. »

Empruntons encore au même rapport l'interrogatoire de Longepied :

« L'an 1848, le 13 juillet, a répondu Amable Longepied, déjà interrogé :

« D. — A quelle époque le Club des clubs a-t-il commencé à recevoir des secours du ministre de l'intérieur ?

« R. — Vers la fin du mois de mars, et ils ont cessé vers le 20 avril.

« D. — Pouvez-vous préciser la somme que vous avec reçue ?

« R. — Je ne peux pas le dire au juste, mais elle pouvait bien aller de 90 à 100,000 francs.

« D. — Par qui les sommes étaient-elles habituellement remises ?

« R. — Je présume qu'on touchait à la caisse du ministère : j'ai touché quelquefois.

« D. — Quel emploi faisiez-vous des sommes que vous receviez ?

« R. — Ces sommes étaient remises en détail et par petites sommes aux délégués envoyés dans les départements pour s'occuper des élections.

« D. — Les noms de ces délégués étaient-ils soumis au ministre de l'intérieur ?

« R. — Oui, Monsieur.

« D. — Les rapports étaient-ils transmis au ministre ?

« R. — On donnait connaissance au ministre des parties de rapport que la commission jugeait à propos de lui communiquer.

« D. — Sur la feuille du 17 avril 1848, se trouve

en tête : *Armée*, 600 francs. Comment les 600 francs ont-ils été employés ?

« R. — Armée est ici pour : délégués envoyés à l'armée. Ces délégués étaient ordinairement d'anciens militaires ; on employait aussi quelques militaires à qui on faisait obtenir des congés.

« D. — On trouve sur la même feuille : Surveillance de Paris et de la banlieue, 1,000 francs. Quelle était cette surveillance qui coûtait 1,000 francs en un jour ?

« R. — Ces 1,000 francs n'étaient certainement pas pour un seul jour ; la surveillance ne s'appliquait qu'aux délégués. On s'est servi du mot *surveillance* à tort, car il ne s'agissait pas d'autre chose que de secours accordés aux délégués.

« D. — Voici une note du 31 mars 1848 ainsi conçue : « Premier bordereau des dépenses remis à C. M. : Frais de voyage, dépenses de localités et d'éventualités pour quarante-quatre missionnaires partis le 30 et le 31 mars, 11,900 francs. » — Pourriez-vous donner quelques explications sur cette note et indiquer la personne désignée par les lettres C. M.

« R. — Je ne peux donner aucune explication, il s'agit de sommes données à des délégués.

« Lecture faite, ont signé : LAMOTHE et LONGEPIED. »

La Déclaration des droits de l'homme, présentée par Maximilien Robespierre à la Convention, avait été adoptée par le *Comité révolutionnaire* comme exposé de principes.

Il en vota l'impression à trois millions d'exemplaires, et les délégués signèrent l'engagement de la défendre envers et contre tous.

Les séances du club avaient lieu de midi à trois heures, afin que les délégués pussent rendre compte, le soir même, à leurs clubs respectifs, des travaux de la journée.

Terminons nos renseignements sur le Club des clubs par les lignes suivantes de M. Philibert Audebran, relatives à Aloysius Huber, président du Comité révolutionnaire :

« Enfant du peuple, ouvrier tanneur, affectant pendant les jours de sa jeunesse de ressembler au Christ d'Albert Durer, il n'avait assurément rien d'un chrétien, mais il n'en était pas moins un mystique de première force. On se rappelle son procès en cour d'assises et sa condamnation. Huber ne dédaignait pas de s'y poser en martyr. Mademoiselle Grouvelle, sa coaccusée, disait en le montrant au jury : « Vous condamnez un saint. » Au Mont-Saint-Michel, où il fut envoyé, après avoir déjà souffert plusieurs années d'incarcération à Paris et à Doullens, il vécut, à ce que disent ses biographes, comme ne vécurent pas les premiers chrétiens du temps de Néron et de Dioclétien. S'il faut s'en rapporter à ce qu'il affirme lui-même, on l'a enfermé dans des oubliettes humides, en ne lui donnant pour nourriture qu'un pain dur et une cruche d'eau saumâtre. Le système cellulaire aurait, en outre, été appliqué au condamné dans toute sa rigueur. Durant vingt années, il n'eut aucune relation avec le monde des vivants. Chose cruelle à confesser, sa mère était morte depuis son entrée dans la forteresse, quand il apprit la nouvelle de son décès. Un jour, dans l'excès de sa douleur, Huber tenta de se tuer et n'y réussit qu'à demi. — Les angoisses morales qu'il a endurées alors ont été racontées par lui dans un livre intitulé : *Nuits de veille d'un prisonnier d'État*. Au fond, cette œuvre, qui n'est qu'un pâle décalque des *Prisons*, de Silvio Pellico, montre son auteur comme se jetant à corps perdu dans on ne sait quel néo-christianisme dont il aurait été tout à la fois lui-même le révélateur et le grand prêtre.

« A la nouvelle du 24 Février, Huber, délivré, sortit de sa terrible prison comme tous les condamnés politiques et revint à Paris, où il fut reçu à bras ouverts. Le 4 mars, jour de la première fête de la République, on le voyait se mêler, sur les boulevards de la Madeleine à la Bastille, au cortége du Gouvernement provisoire. Dès le lendemain, il fondait le *Club des anciens détenus politiques*. — Là commence le mystère que personne n'a jamais pu pénétrer. Ancien ouvrier corroyeur, mais traité en enfant gâté par le parti républicain, Huber se trouvait-il malheureux de ne rien être après la victoire, rien qu'un vulgaire agitateur? Avait-il fait la promesse de contribuer à ébranler le jeune établissement de la République?

« En 1848, Aloysius Huber avait encore une longue barbe rousse, mais déjà parsemée de fils d'argent. Sa taille, au-dessus de l'ordinaire, laissait voir un cou peu dégagé, une poitrine saillante et développée, indice d'une forte constitution physique. Il avait le

geste fébrile et animé, la parole vibrante. . . .
. . . . »

Le *Club des amis du peuple* avait son siége rue et salle de Montesquieu. Il était présidé par Raspail, c'est-à-dire un savant, un penseur, un philosophe et un honnête homme. — C'est lui qui était chargé de lire la pétition en faveur de la Pologne, à la manifestation du 15 mai. Traduit devant la haute cour de Bourges, il s'exprimait ainsi à ce sujet :

« On vous a beaucoup parlé hier de la répression, on vous a beaucoup parlé de l'ordre qui devait être maintenu. Eh bien ! c'est une mauvaise méthode pour un général que d'exciter les soldats au combat ; il vaut mieux leur parler d'humanité, et ils pensent comme nous, les soldats de la France ; ils vous disent : *A vous la rue, à nous les frontières!...* Je me contenterai d'ajouter que, dans les républiques anciennes, on donnait une couronne civique à celui qui sauvait un individu, mais on n'en donnait pas à celui qui tuait son semblable. Je laisse de côté ces arguments, et je reviens à la réunion. Les réunions, Messieurs, mais elles ont succédé aux banquets anciens ! Elles se traduisent quelquefois en manifestations ; mais qu'y a-t-il de plus beau que de voir une foule immense marchant régulièrement, les yeux tournés vers le ciel, et allant faire une belle conquête, une conquête de liberté pour une nation qui est notre sœur ?... La manifestation était légitime, son but était noble ; et moi, qui y assistais, c'était dans une pensée qui est celle du tzar Nicolas, lui-même, et je vais vous le prouver. Le tzar Nicolas a dit :

« Je ne connais que deux gouvernements probes « et honnêtes : la république, pour les nations ma- « jeures, et le despotisme entre les mains d'un hon- « nête homme pour les peuples mineurs. Je ne con- « nais rien d'impie, rien d'ignoble comme le gou- « vernement constitutionnel ; c'est une fiction, c'est « un mensonge. »

« Eh bien, Messieurs, nous croyions, nous, que la Pologne était un peuple majeur. »

Selon Raspail, Huber, dans la manifestation du 15 mai, aurait rempli le rôle d'un agent provocateur, au bénéfice de la partie réactionnaire de la commission exécutive. — « C'est Huber qui a fait tout le mal, « mais je ne suis pas son complice. Huber était « l'homme du gouvernement, l'ami intime de Marrast, « auquel il écrivait tous les jours. Huber a été le « piége, et moi la victime. »

Le club de la *Société fraternelle centrale*, fondé le 25 février, et dont le siége était salle *Valentino*, avait pour président le citoyen Cabet, l'auteur du *Voyage en Icarie*, utopie naïve, rêve d'un honnête homme élaboré par un cerveau d'enfant. — Le club de la *Société fraternelle centrale* prit part à la manifestation du 15 mai et aux affaires de juin.

Les citoyens Hennequin et Cantagrel avaient commencé aussi, dès le mois de mars, à vulgariser la doctrine fourriériste au *Club de la rue de Beaune*.

Tous ces clubs étaient franchement républicains, ouvertement révolutionnaires, socialistes, en un mot. Mais à côté d'eux, il s'en était créé un grand nombre d'autres qu'animait l'esprit du modérantisme et de la réaction, tels que le *Club des devoirs et droits de l'homme*, le *Comité électoral des libertés politiques, civiles et religieuses*, le *Comité central des élections générales, le Club des ouvriers de la Fraternité*, etc.

Le *Cercle-Club de la Garde nationale*, fondé le 17 mars 1848, avait pour président le citoyen Chambaud, avocat à la cour de cassation. Les membres du bureau étaient : Deligny, ouvrier tôlier; Enne, avoué; Gaillard, dessinateur en broderies; Justrade, ouvrier ajusteur; Marc-Aurel, imprimeur; Moreau, étudiant en droit; Reynaud, ancien capitaine au long cours; Rolland, ouvrier typographe; Henri Usquin, ancien élève de l'école polytechnique.

Il avait été fondé par les ex-patrons et rédacteurs du *Portefeuille*, journal ministériel auquel M. Guizot donnait souvent des articles.

Le lieu de réunion était passage Jouffroy, 16.

« Pour se réunir aux *nombreux citoyens qui entouraient déjà*, le 17 mars 1848, les fondateurs du *cercle-club de la Garde nationale*, partager les travaux de ces citoyens et sauver de compte à demi avec eux la patrie en danger, dit M. Alphonse Lucas, il n'en coûtait que 5 francs par mois; ce n'était vraiment pas la peine de se priver du plaisir de cluber dans des salons *décorés avec goût*, si surtout on voulait bien considérer que seulement deux mille clubistes, sauveurs de la patrie à 5 francs, pouvaient constituer aux ex-rédacteurs du *Portefeuille* une liste civile très-raisonnable, surtout en temps de république. »

Le cercle-club de la Garde nationale fut, en effet, pour ses fondateurs, une excellente spéculation.

Ce fut ce club qui publia successivement les journaux réactionnaires l'*Ordre*, *la Garde Nationale*, *l'Avant-garde*, etc., etc.

Le *Comité central des élections générales*, fondé en mars, sous l'influence du *National* et patronné par lui, « voulait, dit l'auteur de *Clubs et Clubistes*, ménager à la fois la chèvre et le chou, afin de perpétuer au pouvoir les grands hommes des dynasties Marrast, Thomas, Recurt, Trélat et compagnie. »

Parmi les clubs réactionnaires, il faut encore citer celui de l'*Émancipation des peuples*, fondé en mars, et dont le siége était cité d'Antin, 29.

Le président était le citoyen Suau, dit de Varennes ; les membres du bureau : général de Montholon, Castelneau, Ern. Gervaise, Jeannin, Lieuteaud, Grellet, Etienne, Romieu, Libau, Gourlay, Barbançon, colonel de Laborde, Madoulo, Allois.

Laissons, sur ce club, la parole à M. Alphonse Lucas :

« Club de grimaciers politiques, de joueurs de gobelets révolutionnaires, de terroristes d'occasion, d'absolutistes en disponibilité ; de ces gens dont toute la personne est à vendre, qui sautent pour tout le monde, qui ne reculent devant rien de ce qui peut leur rapporter de l'argent, et qui ne voient dans chaque révolution qu'une occasion de ramasser dans le sang et la boue, qui des places grassement rétribuées, qui des fonctions honorables, qui des distinctions honorifiques.

« Au club de l'*Émancipation*, qui devait devenir plus tard une pépinière de représentants du peuple, d'agents diplomatiques, d'hommes d'État et d'écrivains politiques, on rencontrait tout ce que Paris renferme de chevaliers d'industrie, de grecs, de souteneurs de lorettes, de commerçants tarés, d'hommes d'affaires marrons; ces gens-là, pour obtenir n'importe quoi, se poussaient les uns les autres, montaient sur les épaules de tous ceux qu'ils trouvaient devant eux ; ils se pressaient dans toutes les antichambres, bloquaient toutes les issues ; ils parlaient sans rougir de leurs vertus civiques, de leur probité, de leur désintéressement. »

Les *émancipateurs* des peuples s'occupaient beaucoup de politique étrangère, et M. de Lamartine leur accordait la plus grande confiance.

Malgré les allures du plus beau rouge, le club de l'*Émancipation* des peuples était notoirement réputé comme réactionnaire et repoussé par les clubs républicains.

D'autres clubs renfermaient dans leur sein beaucoup de notabilités légitimistes, mais qui, naturellement, s'abritaient sous une enseigne républicaine ; tels étaient, par exemple, le *Club électoral républicain*, fondé aux Batignolles, et aussi le *Club républicain* qui tenait ses séances rue Madame.

Le *Club républicain pour la liberté des élections* était composé, en immense majorité, nous apprend le rapport d'enquête, des partisans les plus dévoués de la dynastie orléaniste. Les orateurs avaient le soin d'affecter beaucoup de modération et de faire profession du plus vif attachement à la République.

Le *Club de l'Assemblée nationale* était également

signalé comme se composant des anciens amis ou partisans de l'ex-roi.

Le *Club des Prévoyants*, rue de l'Arcade, 60, et le *Cercle de la liberté* comptaient aussi parmi les clubs réactionnaires.

Le *Club de la Fraternité universelle*, présidé par l'abbé Bouix, appartenait aux opinions cléricales.

La réaction, d'ailleurs, ne craignait pas d'aller porter ses fourberies jusqu'au sein même des sociétés franchement républicaines. Prenons pour exemple le *Club du salut du peuple*, fondé en mars, rue Saint-Lazare, 106, sous la présidence du citoyen Mathurin Rousseau.

M. de Larochejacquelein, appelé dans ce club, à l'occasion de sa candidature, s'entend adresser la question suivante : — « Dans le cas peu redoutable, où un prétendant au trône se présenterait à la France, que feriez-vous ? parleriez-vous, agiriez-vous, marcheriez-vous contre lui, quand même ce prétendant s'appellerait Henri V ? »

A quoi M. de Larochejacquelein répondit : « OUI, S'APPELAT-IL HENRI V ! *Je ne reconnais, et nul ne doit reconnaître aujourd'hui d'autre souveraineté que la souveraineté du peuple, et je déclare que je serai hautement et énergiquement contre tout prétendant qui voudrait attenter à cette souveraineté* »

Hélas !...

Mais, il est mort... Laissons en paix sa tombe.

Passons aux excentriques, aux grotesques, aux insensés et aux idiots.

Le *Club-Batterie des hommes sans peur*, ou *Club-*

Lycée des prolétaires, s'était révélé en mars par l'affiche suivante :

SALUT DU PEUPLE PAR LE PEUPLE :

Organisation rationnelle et immédiate du libre travail.

Consolidation de la République française une et universelle.

Création nouvelle, commerce fraternel, travail ordonnancé.

Justice bienfaisante.

Question de vie ou de mort dans la situation.

APPEL A TOUT HOMME DE BON SENS ET A TOUT CITOYEN DE BONNE VOLONTÉ.

Pétitions-travail.

Voix perpétuelles et salutaires contre la MISÈRE ET LA CONFUSION.

Pour cimenter de suite l'union des vrais travailleurs.

Souvenirs de la patrie.

Développement des pétitions. — Lettres républicaines aux pouvoirs publics. — Appel au service de tous, selon une vue commune. — Gouvernement réel de la chose publique par les citoyens. — Vrai contrat social de toutes les classes. — Vérité de la République pour créer une force permanente destinée à la recherche des grands projets et à la réalisation des grandes choses. — Organisation des libres manifestations de la pensée française.

PREMIÈRE ORGANISATION.

Club-lycée de la voix du peuple.

« Club-école, Club-spectacle et atelier patriotique ordonnancé par les prolétaires.

« Siége actuel : 14 rue des Fossés-Saint-Germain-l'Auxerrois.

PREMIÈRE PUBLICATION.

L'esprit français.

« Les Voix universelles et le Prophète républicain, ou la Voix du peuple libre, Journal-Bibliothèque.

PREMIER ACTE.

BATTERIE DES HOMMES SANS PEUR.

« Drapeau de ralliement : *Union, Unité, Vérité.* — Rappel contre toute liberté stérile. — Ordre, commandement suprême de la liberté suprême.

DIMANCHE 2 AVRIL, A 10 HEURES DU MATIN.

« Réunion pour une manifestation organisée et ordonnancée. — Communication patriotique depuis la place du Panthéon jusqu'au champ de Mars et à la colonne de Juillet, par la place de la Concorde et les quais, afin de cimenter l'union des vrais travailleurs, et d'apprécier la première pétition-travail. »

Cette affiche fut enlevée par les gardiens de Paris.

Le club-batterie avait été fondé par deux mystiques, les citoyens E. MAILLER et LANDOIN, éditeur, rue de la Jussienne, 32.

Ces citoyens appartenaient à l'école de Ganeau (*le Mapah*).

Le *Club des domestiques et gens de maison*, fondé le 9 mars, siégeait rue du Bac, au Salon-de-Mars.

Chacun des membres de ce club devait verser mensuellement la somme de 1 franc, destinée à alimenter une caisse de secours mutuels.

Il est surtout connu par une affiche à laquelle nous avouons n'avoir rien pu comprendre.

Le club-légion des *Vésuviennes* s'annonça par la pièce suivante, placardée sur les murs de Paris à un très-grand nombre d'exemplaires :

« Paris, 1er mars 1848.

« Le citoyen Borme fils, auteur de plusieurs machines de guerre lançant trois cents boulets, ou paquets de mitraille à la minute, auteur du feu grégeois, avec lequel on peut incendier et couler bas les flottes ennemies, auteur d'un moyen avec lequel deux mille citoyennes peuvent lutter contre cinquante mille hommes ennemis,

AUX CITOYENNES PARISIENNES,

Mes sœurs en République.

Citoyennes,

La République vous doit le quart de son existence; c'est par vos exhortations que vos pères, vos frères, vos amis ont affronté la mitraille le 24 février.

Vous avez mérité de la patrie, citoyennes, et c'est par cette considération que j'ai demandé au Gouvernement provisoire de vous enrégimenter sous le titre de VÉSUVIENNES.

L'engagement sera d'un an; pour être reçue, il faut avoir quinze ou trente ans au plus et n'être pas mariée.

Présentez-vous tous les jours de midi à quatre heures, 14, rue Sainte-Apolline, où vos noms, prénoms, profession, âge et demeure seront inscrits.

Salut et fraternité.

Vive, vive et vive la République!

BORME fils.

Le *Club des femmes* fut fondé en avril. Il avait son siège à la salle des concerts du boulevard Bonne-Nouvelle.

La présidente du club était la citoyenne Eugénie Niboyet, assistée au bureau des citoyennes : Anaïs Ségalas; Casamayor; Eugénie Foa; Joséphine de Besnier; Julia Hémal; Clara J***; Henriette D***; Cécile D***; Mathilde Payre; Marie-Noémie (femme Constant); Marie-Pauline-Gabrielle d'Altenheym, née Soumet; Hermance Lesguillon, née Sandrin; Anna-Marie-Suzanne Voitelain; Jeanne Deroin (femme Desroches); Désirée Gay; H. Sénéchal; Augustine Genoux; Henriette-Marie Delmay; Pauline Roland; Rosa David; Adèle Esquiros (née Battanchon); Arthémise Candelos; Fossoyeux.

Le côté de la barbe était représenté, dans le *Club des femmes*, par les citoyens: Paulin Niboyet; Malatier; Moïse Alcan; J. Bachellery; Em. Cambrolle; abbé Constant (défroqué); Joseph Dejaque; Emile Deschamps; P. Hawke; Junius Hamel (dit *Brutus Fer rouge*, *Robespierre pacifique*); Ch. Labourieu; Pierre Lachambaudie; abbé Châtel, primat des Gaules; V. Boussy; Emile Souvestre; Hippolyte Bonnelier; Olinde Rodrigues.

« Ceux de ces citoyens, dit M. Alphonse Lucas, qui n'étaient pas forcés de rester à la maison afin d'y soigner les enfants et d'y préparer le souper, tandis que leurs mères, leurs femmes ou leurs sœurs clubaient, devaient garder les socques, les cabas et les tartans des citoyennes clubistes. »

On rapporte qu'il se produisait et se passait dans ce club des motions et des choses fort excentriques; un soir, notamment, affirment les historiens... réactionnaires, les becs de gaz auraient été subitement éteints, et la réunion aurait dégénéré en un scandaleux sabbat... Nous ne savons, au juste, ce qu'il faut croire de cette dernière assertion; cependant, il y a lieu de penser que tout ne se passait pas d'une façon fort régulière dans le gynécée émancipateur, car, un jour, par suite d'une loi sur les clubs, le citoyen Caussidière le fit fermer.

A ce propos, Léon Gozlan écrivit, dans *le Journal*, l'article suivant :

Un paragraphe en faveur des femmes.

« Le décret voté avant-hier par l'Assemblée nationale sur les clubs renferme un paragraphe qui défend aux femmes de figurer dans ces réunions politiques. Quelques membres, plus galants que logiciens, ont protesté contre cette exclusion sans motiver leur opinion personnelle. Ils n'ont écouté sans doute que leur inspiration. Comme l'inspiration ne se réfute pas, nous sommes dispensé de les combattre. La *Voix des femmes* leur décernera des couronnes de jasmin et des nœuds de ruban rose : que cette récompense les console de notre silence.

« L'Assemblée nationale a eu raison de fermer aux femmes la porte des clubs, où elles auraient achevé de perdre les quelques restes de grâce qui les distinguent encore des hommes. Pendant quelque temps il n'est pas mal qu'il y ait encore deux sexes; plus tard on verra. En attendant, respectons l'usage, la tradition, la coutume, cette coutume qui veut que ce soient les femmes qui aient les soucis de la grossesse et l'ennui de l'allaitement.

« Nous aussi nous avons gémi autrefois sur les malheurs des femmes dans la société; nous aussi nous avons dans plus d'un livre demandé leur émancipation. Mais à côté de nous il s'est élevé tant d'écrits en faveur de la licence des femmes, que nous nous sommes vite empressé de nous taire. Quand nous ne voulions que leur ôter leurs chaînes, d'autres brisaient leur ceinture. Et ce qu'il y a de fâcheux, c'est que nous ne sommes pas sûr qu'elles aient des chaînes, et qu'il est évident qu'elles portent une ceinture.

« La belle antiquité, à laquelle il faut toujours revenir en matière de politique et de législation, ne donnait que des places d'honneur et pas de droits aux femmes, même les plus nobles. Une grande raison la guidait : c'est que la nature le veut ainsi.

« La nature veut que la femme soit l'éternel contraste de l'homme, pour que l'homme soit charmé par la différence, attiré par la curiosité, tenu en haleine par le désir. Du jour où les femmes porteront un pantalon et un paletot, la population s'arrêtera.

« Que sur certaines questions d'éducation et d'économie domestique les femmes puissent répandre quelques lumières, cela n'est pas douteux ; mais en conclure qu'elles doivent à ce titre donner leur avis sur les questions les plus difficiles et les plus complexes de la politique à côté de leurs maris, c'est se jeter tête baissée dans un océan de folies et d'extravagances.....................................

....

Cela n'est pas de l'égalité, c'est de l'aplatissement.

« L'Assemblée nationale a sagement compris qu'il y avait anomalie à permettre aux femmes de siéger aux clubs et à ne pas leur permettre de siéger à la Chambre. Si on leur conférait le droit de faire des insurrections, on ne suppose pas pourquoi on ne leur accorderait pas aussi le droit bien plus politique de les réprimer. Et une Chambre ayant des femmes pour représentants, une Chambre composée d'hommes et de femmes, ne nous rassurerait guère sur sa parfaite indépendance. On craint les influences ! mais celles du regard, de la toilette, de la grâce ! l'influence des deux mains se rencontrant dans l'urne ! mais celle de la parole, qui est si entraînante chez certains députés quand ils ne sont pas à la tribune ! mais la buvette, mais les *pas perdus*, mais les couloirs sombres, mais le jardin de la présidence avec ses voluptueux acacias, où l'on se rencontrerait si souvent par hasard !

« Il y a aussi beaucoup de portefaix riches à la Chambre, s'il y a beaucoup de financiers ruinés : la séduction par l'or n'est-elle pas à craindre ? Voyez-vous le Rhône, par exemple, corrompant avec un bracelet de diamants l'aimable Seine-et-Oise ou les trop légères Deux-Sèvres ? On compte aussi à l'Assemblée nationale beaucoup de militaires dont la gloire relève les charmes personnels : qui peut dire si Lille en épaulettes ne troublerait pas le cœur et n'enlèverait pas le vote de la Gironde, qui a l'organisation si exaltée et l'imagination si poétique ? Je ne parle pas des avocats : peu de représentantes leur résisteraient, et ils résisteraient à bien peu de représentantes. Jamais on ne pourrait prévoir le sort d'une loi : cela dépendrait du jour, de la saison.

« Le printemps aurait des effets inouïs sur la destinée d'une proposition. Tel ministre, comptant sur une majorité respectable, se verrait battu le lendemain par une minorité qui aurait eu l'adresse de s'adjoindre ou tous les beaux hommes ou toutes les jolies femmes. Je ne répondrais que des hommes de lettres journalistes qui auraient l'honneur de siéger : l'habitude de vivre dans l'intimité des actrices les rendrait invulnérables aux coups d'une séduction ordinaire. Mais les médecins ! passons.

« Et voyez-vous d'ici les partis physiologiques qui se formeraient à côté des partis exclusivement politiques : le parti des vieilles femmes représentantes en face du parti des jeunes femmes représentantes ; le parti des veuves et le parti des femmes mariées ; puis, les nuances politiques se compliquant des nuances de cheveux, on aurait le parti blond, le parti brun, le parti châtain, le parti maigre constitutionnel, le parti gras républicain. On s'y perd. Dieu nous garde de cette invasion ! La France y laisserait sa dernière vertu. Figurez-vous encore le département des Bouches-du-Rhône, ce département si distingué, envoyant des bouquetières et des cuisinières à l'Assemblée, et le département du Finistère se faisant représenter par de nobles marquises et de fières duchesses. Mais ces dames s'arracheraient les yeux, elles se battraient, elles se... Plus d'une fois le président serait obligé de rappeler les représentantes à la pudeur, tandis qu'il inviterait les représentants à se voiler.

« Encore une fois, l'Assemblée nationale a raison : il ne faut pas que les femmes aient le droit d'aller dans les clubs. Il n'en résulterait qu'une aggravation du mal que font les clubs, *quand ils font du mal*. On ne le croira pas, cela est pourtant d'une observation générale et d'une vérité éternelle, les femmes vont plus loin que les hommes en cruauté. Dans les temps de guerre civile, elles sont des torches dans le conseil et des poignards dans la rue. Elles incendient au lieu d'éclairer, elles tuent tout ce qu'elles rencontrent ; elles ne font pas de prisonniers. C'est qu'elles ne raisonnent pas, elles se passionnent ; elles mêlent l'amour et la haine à tout ce qu'elles touchent ; et, l'orgueil s'y joignant, elles veulent aller même plus loin que les hommes, dont elles excitent le courage : eux tuent, elles mutilent ; eux se débarrassent, elles font souffrir ; l'homme se contente d'un cadavre, la femme veut un martyr.

« Et, quand elles seraient à la Chambre et aux clubs, qui gérerait la maison, qui salerait le potage, qui répondrait aux visiteurs, qui soignerait les enfants ? Le mari peut-être.

« Femmes chez lesquelles il reste encore le bon sens, cette qualité qui devient si rare parmi les Français; femmes d'esprit que de mauvaises lectures n'ont pas dégradées, femmes de cœur qui n'avez pas laissé éteindre le chaste feu de la famille, la famille, cette première société créée par Dieu et destinée à demeurer la dernière sur la terre ; femmes de toutes les conditions qui souriez au sourire de l'époux bien-aimé et pleurez aux larmes de votre enfant malade, qui agrandissez toutes nos joies et diminuez toutes nos douleurs par votre seule présence au foyer domestique, allez remercier l'Assemblée nationale de l'honneur qu'elle vous a fait de vous exclure des clubs. Jamais affront ne fut plus digne, jamais insulte ne fut plus sainte. Ce soufflet vous fait grandes et reines, comme le soufflet que donnaient autrefois les papes aux souverains d'Allemagne, le jour de leur sacre, les faisait empereurs. »

Les doctrines que l'on prêchait au *Club des femmes* étaient celles de *Lélia*.

Les fortes plumes du club, qui avait pour organe la *Voix des femmes, journal socialiste et politique, organe des intérêts de tous et de toutes*, étaient la citoyenne Jeanne Deroin, la citoyenne Pauline Roland, la citoyenne Constant, plus connue aujourd'hui sous le pseudonyme de *Claude Vignon*, et la citoyenne Henriette, qui aimait à accoler à son nom l'épithète d'*artiste*.

C'est à cette dernière que P.-J. Proudhon donnait un jour ce conseil : « Eh ! citoyenne, allez ravauder vos bas et écumer le pot. »

En somme, le *Club des femmes* n'était qu'une réunion de bas-bleus, de poëtes, de mystiques et de rêveurs. Si ce n'était pas absolument innocent, ce ne devait pas non plus être bien dangereux.

On était alors admis aux séances du *Club des femmes* moyennant la somme de 1 franc.

Enfin il y avait les clubs étrangers.

Le *Club de l'émigration polonaise* siégeait rue de l'Arbalète, 12, et avait été fondé en mars. Il voulait qu'on envoyât vingt-quatre bataillons de Parisiens sur les bords de la Vistule. C'était une émanation de la société démocratique polonaise. Il était représenté par les citoyens Stanislas Worcell; Teclaw; Wroblewski; Placherski; E. Korabiewics; Albert Darasz, Vincent Mazurkiewics; général Snayadz; Victor Steltmann.

Le *Club des émigrés italiens* avait son siége rue de la Chaussée-d'Antin, 49 *bis*. Parmi ses membres figuraient : J. Mazzini; J. Sértori; Mathias Montecchi; A. Saffi; A. Salicetti; Sturbini; Garibaldi; Zambianchi; G. Cappana, tous citoyens qui se sont acquis une glorieuse célébrité dans les événements dont l'Italie a été depuis le théâtre.

La *Société patriotique belge*, dont les réunions avaient lieu rue Aubry-le-Boucher, 26, et qui avait été fondée en mars, fut le noyau de la légion belge parisienne, dont les aspirations se traduisirent par l'expédition dite de *Risquons-Tout*.

. . . .

. . . .

Arrêtons-nous ici : en voilà assez sur la physionomie, l'esprit et le fonctionnement des clubs de 1848.

Toutes les opinions s'y trouvaient représentées et avaient les mêmes moyens de se faire jour.

Les clubs républicains étaient de beaucoup les plus nombreux et dominaient le mouvement.

C'est dire que la majorité du peuple était républicaine.

Par malheur, des ambitieux qui ne reculent devant aucun mensonge, devant aucune trahison (1),

(1) Le 11 avril 1848, M. Rouher, aujourd'hui ministre, dé-

avaient trouvé à Paris aussi bien que dans la province, mais particulièrement dans cette dernière, des éléments de crédulité qui donnèrent au Gouvernement provisoire, comme aux assemblées Constituante et Législative, une supériorité numérique dans le sens de la réaction.

Il en résulta un antagonisme violent entre le peuple de Paris et les différents pouvoirs qui se succédèrent du 25 février 1848 au 10 décembre 1849.

La première bataille eut lieu le 15 mai. Le peuple la perdit en se laissant entrainer par les agents provocateurs, à la tête desquels se trouvait Huber, et dont la phalange était soudoyée par la partie autoritaire ou monarchique du gouvernement.

Des clubs furent alors supprimés, et l'ascendant populaire commença de diminuer.

La seconde bataille eut lieu en juin 1848. Le peuple la perdit encore, succombant cette fois, à la suite de quatre jours d'une lutte héroïque et sanglante, sous le poids du nombre et la supériorité des armes, plutôt que sous le courage de ses ennemis, — c'est-à-dire la bourgeoisie furieuse et des frères égarés !

Cette monstrueuse saignée, pratiquée dans ce que le corps républicain avait de plus vivace, permit à la réaction de fermer ce qui restait de clubs démocratiques.

La défaite fut alors complète, et la République

clarait au club d'Issoire qu'il voulait la liberté de réunion *pleine et entière*. « Les clubs, ajoutait-il, doivent être les organes de la volonté du peuple ; ils sont chargés de son instruction ; ils sont INDISPENSABLES. »

française n'apparaît plus, pendant dix-huit mois, aux yeux de l'historien, que comme un cadavre que des vainqueurs, ivres de leur triomphe, traînent sur une claie.....

Le 10 décembre creusa sa tombe ;

Et le 2 décembre l'enterra.

Il y avait deux ans que le peuple ne pouvait plus parler.

VIII

LA LOI DE 1868 ET LES RÉUNIONS PUBLIQUES. — LES ORATEURS.

C'est après un long silence de dix-neuf années que l'Empereur crut enfin qu'il serait temps de rouvrir les réunions publiques : l'Empereur, disons-nous, puisque en effet toute initiative émane de lui et que, seul responsable, il n'a dans ses ministres et son conseil d'État que des serviteurs de sa pensée.

Toute loi dès lors est un don du prince. Ce fut particulièrement vrai pour la loi de 1868, l'une des réalisations des promesses du 19 janvier.

Que la pensée du chef de l'État ait été faussée dans son application, on doit le croire, car un examen même le plus superficiel de la loi suffit à établir que, sous l'apparence de faire revivre un droit, elle ne change en réalité presque rien à l'ancien état de choses, puisqu'elle laisse à l'arbitraire administratif la toute-puissance qu'il avait.

Sans sortir de la légalité, l'Empereur, par ordonnance ministérielle, peut, si bon lui semble, si l'on n'est pas sage, si les réunions lui paraissent périlleuses ou simplement gênantes, les fermer ; et il sera dans la loi. Ce ne sera pas un Charles X violant la Charte. Il ne fera qu'user d'un droit formellement écrit. —

Qu'est-ce donc *a priori* qu'une loi qui vous donne le droit de parler, en se réservant la faculté de vous imposer silence ?

Jusqu'à présent on a laissé parler ; le gouvernement a eu sans doute ses raisons pour cela. Mais que demain il trouve que c'est assez et qu'il invoque les imprudences de quelques orateurs pour s'autoriser à rétablir le silence complet ou partiel ? La loi de 1868 l'en empêchera-t-elle ? non.

Nous reviendrons à cette idée et à celles qui s'y rattachent ; mais voyons l'article 1er. Il est ainsi conçu :

« Les réunions publiques peuvent avoir lieu sans autorisation préalable, sous les conditions prescrites par les articles suivants.

« Toutefois les réunions publiques ayant pour objet de traiter de matières politiques ou religieuses continuent à être soumises à cette autorisation. »

Ainsi, on pourra se réunir, sans autorisation préalable, pour disserter et disputer *de omni re scibli et quibusdam aliis*, mais à la condition de ne parler ni religion ni politique. Cela ne rappelle-t-il pas la célèbre définition de Beaumarchais sur la liberté d'écrire ? Comment, vous me permettez de parler de tout, sauf de cela seul qui me touche !

Les questions essentielles, vitales, les seules, à vrai dire, qui intéressent les hommes réunis, ne sont-elles pas celles précisément que l'on retranche du champ de la discussion ? S'il y a un sentiment assez instinctif, assez intime, assez puissant pour rallier à lui les hommes de tous les points du globe, n'est-ce pas le sentiment religieux? Depuis cinq mille ans, l'histoire de l'humanité ne se confond-elle pas avec celle des religions qui l'ont élevée ou avilie? Idées, mœurs, progrès ou barbarie, tout cela ne dépend-il pas beaucoup des idées religieuses? Voyez au moyen âge les croisades, sondez l'abîme que la différence de ces idées a creusé entre les sectaires de Mahomet et les nations chrétiennes; parmi ces dernières, faites la part des civilisations pénétrées du culte romain ou grec et de celles que la réforme a pour ainsi dire pétries de son culte novateur et sévère. — Enfin, pénétrant dans la vie positive, voyez ce qu'est l'homme, et s'il n'est pas ce que le font sa foi religieuse, lorsqu'il en a une, et ses idées sur l'*être* et sur notre avenir ou notre néant. Tout l'homme est dans le sentiment religieux, qu'il s'en pénètre ou qu'il réagisse contre lui, qu'il croie en un être suprême ou qu'il soit athée.

Convenons donc qu'interdire aux hommes réunis de se communiquer leurs pensées sur ce grave sujet, en leur concédant tout le reste, c'est encore tout leur refuser. — Niez Dieu, si vous le voulez, mais nous vous mettons au défi de ne pas vous préoccuper des graves problèmes qu'il soulève.

Les idées politiques sont au même degré dominatrices : leur cercle d'action n'est plus le même; la science politique, c'est la science du positif, celle des rapports de nation à nation, de citoyen à gouvernant, d'individu à individu. Toute notre vie dépend de la solution donnée aux problèmes politiques.

Les problèmes politiques à titre égal avec les problèmes religieux, voilà ce qui s'adresse à tous, voilà le terrain où tous les esprits se rencontrent, se heurtent fatalement, par cette nécessité où sont les hommes réunis d'agiter les problèmes qui intéressent leur existence et de la solution desquels elle dépend.

Il faut donc reconnaître que l'article 1er de la loi de 1868 contient un vice radical ; qu'invitant les hommes à se réunir pour parler, il leur donne la tentation légitime de le faire, mais qu'alors il intervient pour retirer ce qu'il accorde, par cela qu'il soustrait à la parole les matières qui déterminent, seules, les hommes à se réunir.

Il y a là, en outre, un piége pour les citoyens qui veulent user du droit tel quel, et qui sont entraînés fatalement à parler religion et surtout politique.

Les faits ont justifié cette critique ; des hommes se sont mis en désaccord avec la loi en excédant les limites qu'elle leur avait imposées. Mais encore une fois il était fatal qu'ils les franchissent. — Cependant ils ont été poursuivis et condamnés. Le parquet a évité il est vrai, au moins dans la plupart des cas, de viser l'article 1er. C'eût été déconsidérer la loi que de se faire ostensiblement et si vite une arme de cet article, mais poursuivis pour avoir excité les citoyens à la haine les uns des autres, et condamnés de ce chef ou sous telle autre rubrique, les citoyens dont nous parlons étaient au fond coupables d'avoir traité un sujet interdit. Ils ont été condamnés après avoir parlé librement ; communistes, socialistes, tous ont jeté dans les réunions publiques les ardeurs de leur paroles ; puis, l'effet produit, on les a arrêtés ; ç'a été comme un razzia, et aussi, passez-nous le mot, comme une souricière.

Il a semblé qu'on ne les eût réunis que pour les mieux compter et pour, à la veille des élections, effrayer la masse des électeurs par des paroles violentes et les jeter dans des votes administratifs.

Mais revenons à la théorie de l'article qui nous occupe. M. Pelletan, à raison précisément de cet article, voyait dans la loi actuelle une aggravation de la législation antérieure. Loin de faire une concession, elle faisait tomber en désuétude une liberté existante, celle des réunions dites privées, où les citoyens convoqués souvent en très-grand nombre peuvent traiter toute espèce de sujets. « Qu'est-ce qu'une réunion publique, demandait M. Pelletan? C'est une réunion tenue dans un lieu public, quel que soit le nombre des assistants, ne fût-on que quelques hommes. Est encore réunion publique toute réunion tenue dans un endroit privé, quand on laisse la porte ouverte, et quand le premier venu peut entrer dans l'enceinte.

« Quant à la réunion privée, elle est légalement permise, légalement inviolable, quand elle a lieu dans un local privé, sur convocation personnelle, quel que soit le nombre des assistants; qu'il soit de 21, de 100, de 1,000, de 10,000 même, s'il y avait un local assez considérable pour les contenir, cette réunion serait irréprochable. Eh bien! la loi à la main, les réunions privées nous suffisent et valent mieux que les réunions publiques qui ne sont absolument que des provocations à la police correctionnelle; à tous les points de vue, il vaut mieux nous en tenir à l'état antérieur de la législation, au droit des réunions privées en nombre illimité : car les Français peuvent aujourd'hui se réunir légalement, à quelque nombre que ce soit, sur invitation personnelle, à condition de tenir ensuite les portes fermées. »

Après avoir cité les paroles qui précèdent, M. Ameline, dans sa brochure-commentaire de la loi qui nous occupe, ajoute :

« Cette doctrine est de tous points inadmissible et fausse. La loi ne s'occupe que des réunions publiques, elle ne dit pas un mot des réunions privées. Donc, la jurisprudence et le droit préexistant pour les réunions privées restent absolument ce qu'ils étaient, sans en retrancher quoi que ce soit. Une seule difficulté reste et restera, parce qu'elle est dans la nature des choses : c'est de définir ce qui est public ou privé. »

M. Ameline a raison de dire que la loi sur les réunions privées reste ce qu'elle était; mais a-t-il bien compris la pensée de M. Pelletan qu'il déclare être de tous points inadmissible et fausse ?

La pensée de l'orateur n'était-elle pas que le droit de se réunir dans des assemblés privées, subsistant en théorie, serait cependant déserté dans la pratique et qu'on se jetterait dans les réunions publiques, qu'il qualifie de provocations à la police correctionnelle? Ayant plus de prestige, les réunions publiques devaient, dans son opinion, éteindre les autres, quoique celles-ci fussent plus avantageuses; plus avantageuses, disons-nous, parce que le champ de la discussion n'y est pas restreint, et que les citoyens y ont le droit de parler de tout ce qui les intéresse, tandis qu'au sein des réunions publiques, on ne saurait prendre la parole sans franchir le cercle étroit où on a été renfermé : ces dernières tendent donc un piége et sont une provocation à la police correctionnelle. M. Pelletan ne se trompait pas dans cet ordre d'idées, mais peut-être sa parole a-t-elle incomplétement servi sa pensée. M. Peyrusse, rapporteur de la commission à la Chambre, se plaçait à un point de vue différent et donnait sur le caractère général de la loi des explications qui doivent avoir ici leur place et que nous reproduisons textuellement :

« Nous considérons, disait-il, comme notre premier devoir d'affirmer et de démontrer le caractère libéral de la loi qui vous est proposée. Ceux qui le méconnaissent et qui le nient perdent complétement de vue la législation actuellement en vigueur. Il suffit, à notre sens, de rapprocher la législation actuelle du projet qui vous est soumis pour établir qu'il constitue un progrès incontestable dans les voies libérales.

« Quelle est, en effet, la législation existante ?

« Le décret du 25 mars 1852 assimile les réunions publiques aux réunions illicites; les réunions publiques, quel que soit leur objet, de quelque nature qu'elles soient, sont soumises à l'autorisation administrative. Cette règle est absolue, elle est inflexible, et elle s'applique même aux réunions électorales.

« Les réunions, alors même qu'il s'agit des élections au Corps législatif, si elles sont publiques, ne peuvent avoir lieu sans une autorisation du gouvernement. Telle est la loi, telle est aussi la jurisprudence.

« Que fait le projet actuel ?

« Au régime administratif il substitue le régime légal pour toutes les réunions qui ne s'occuperont pas de matières politiques ou religieuses; la légalité de l'existence de ces réunions est reconnue. Le droit de réunion est affranchi des mesures préventives qui peuvent actuellement en entraver l'exercice tant qu'il se renferme dans les limites tracées par la loi.

« Les réunions électorales pour les élections au Corps législatif deviennent désormais libres.

« Le projet de loi ouvre aux électeurs et aux candidats le droit de se réunir pendant la période électorale. Ce sont là des mesures considérables, et pour faire toucher du doigt l'importance du projet, je n'aurais qu'à rappeler quelques-unes des applications qu'il doit recevoir. »

M. Peyrusse envisageant la loi à ce point de vue essentiellement optimiste, ayant cette prétention pour le projet qui est devenu la loi, qu'il réalisait la substitution du régime légal au régime administratif, détournait volontairement les yeux de l'article 1er et de l'article 13. Ce dernier surtout, qui, nous le verrons, permet de suspendre et *d'interdire préventivement* les réunions que l'on trouverait gênantes, ne livre-t-il pas tout au bon vouloir de l'administration? Nous avons le droit de nous réunir. Mais vous avez le droit de nous en empêcher. Telle est la formule de l'article 13, couronnement de l'édifice dont l'article 1er est la base. L'aperçu général de M. Peyrusse nous a forcé à anticiper et à rejoindre ces deux pôles de la loi, l'article 1er et l'article 13 ; ils sont les extrémités de l'axe sur lequel elle se meut.

Nous revenons à l'article 1er. Il ne faut pas penser qu'il ait créé quelque chose d'identique aux anciens clubs. — Non : les clubs sont des associations politiques publiques. Les clubs impliquent l'association, le concert, l'entente, l'action, la permanence. — Les réunions publiques n'ont aucun de ces caractères. — Le but de chacune d'elles est spécial; c'est une matière déterminée à l'avance à traiter isolément; sans doute les réunions peuvent se suivre et se ressembler par la continuité d'un même sentiment intime, politique ou autre; mais l'association en vue d'un but à atteindre par les efforts de chacun et de tous, ce qui est de l'essence des clubs, leur fait défaut.

L'article 291 du Code pénal et la loi de 1834 sur les associations subsistent, cette dernière étant, nous l'avons dit et démontré, une aggravation du premier. — Or, l'un et l'autre atteignent les clubs en tant qu'associations.

Voici comment M. Emile Ollivier définissait le club, dans la discussion de la loi de 1868 :

« Le club constitue toujours une association; c'est son caractère dominant : le club est une association dont le but est d'organiser et de diriger des réunions publiques. Si donc on suppose que six, quinze, vingt personnes s'entendent et se réunissent un jour pour débattre une question, le lendemain pour en débattre une autre, il ne saurait être douteux qu'il y ait lieu d'appliquer à ce cas la qualification légale de club.

Ne trouve-t-on pas là, en effet, tous les caractères de l'association, la communauté du but, l'union des personnes, la permanence, ou tout au moins la périodicité? Au contraire, s'agit-il d'une réunion accidentellement organisée par certains citoyens qui se rencontrent et s'entendent pour la provoquer et la présider, et qui, une fois l'objet limité de leur entente réalisé, se séparent et ne conservent plus de rapports publics entre eux? Vous avez la réunion simple, le meeting anglais.

« La loi actuelle a trait aux meetings et non aux clubs. Tous ces arguments plus ou moins contestables que l'on a fait entendre contre les clubs ne sont pas de mise. Nous ne demandons pas le droit d'ouvrir des clubs, mais simplement le droit d'organiser des meetings.

« Sans doute la réunion peut être précédée de l'association; il en est ainsi dans presque toutes les réunions ouvrières. Mais, même dans ce cas, la réunion ne se confond pas avec l'association. La réunion en effet n'est ici qu'une manifestation de l'association, elle n'en est pas le but principal. »

Ainsi s'exprimait M. Emile Ollivier, n'admettant pas que les réunions ou meetings, comme on voudra, tout en traitant de matières politiques, fussent susceptibles d'être assimilés aux clubs. Pour lui en effet, chez qui le jurisconsulte a précédé l'homme politique, l'essence du club est dans l'association et la permanence.

Le rapporteur, M. Peyrusse, s'attachant moins au caractère juridique, voyait dans la liberté des réunions publiques, si on ne prenait soin de leur interdire les matières politiques, la résurrection des clubs. Voici à cet égard les propres paroles de M. Peyrusse.

« J'arrive aux réunions s'occupant de matières po-
« litiques ou sociales.

« Les réunions publiques s'occupant de matières politiques ou sociales, ce n'est pas autre chose que les clubs.

« Ah ! je sais bien ce qu'on dira : les clubs, c'est l'affiliation, c'est l'association. On s'emparera de ce que je disais tout à l'heure en m'opposant la distinction que je faisais moi-même et qui est faite par la législation entre les associations et les simples réunions. Mais il faut voir le fond des choses et la réalité des faits. Les clubs, savez-vous comment ils se sont formés ? Après 1789, les clubs suivirent les réunions publiques. Quelques représentants s'étaient d'abord réunis entre eux. Ils appelèrent le public; voilà l'origine des clubs.

« Les clubs sont sortis des réunions publiques. Les réunions, c'est le principe des clubs.

« Le projet de loi qui vous est soumis n'a certainement en vue que l'unité de la séance.

« Les réunions politiques, c'est le rétablissement des clubs. Mais voulez-vous tout de suite l'opinion d'hommes dont on ne récusera pas l'autorité ?

« M. Sénard, dans la séance du 20 mars 1849, disait, en se plaçant à un autre point de vue que le mien : « On poursuit une chimère en voulant distinguer entre les clubs et le droit de réunion. »

« M. Crémieux, à son tour, avait dit :

« Nous pouvons faire des clubs avec des banquets, il n'y a rien de plus facile. — Les banquets ! mais, sérieusement, quand nous allions sur tous les points de la France, porter la parole de la réforme, les uns avec plus d'étendue, les autres avec moins d'importance, est-ce que nos discussions n'étaient pas des discussions de clubs ? est-ce que nous ne traitions pas les points les plus élevés de la politique ? est-ce que nous ne traînions pas les ministres à nos banquets pour y répondre à la face de la France de l'indigne conduite que nous leur imputions, et sous laquelle ils sont tombés avec la monarchie qu'ils ont entraînée dans l'abîme ? est-ce que ce n'est pas cela que nous avons fait pendant plusieurs mois, appelant à nous ces sympathies populaires qu'il faut bien se garder de refouler, qu'il faut au contraire appeler toujours ? »

« Voici, Messieurs, l'opinion d'hommes considérables qui ne se méprenaient pas sur ce que sont les réunions politiques.

« Et maintenant le projet de loi pourrait-il offrir une barrière à ces sortes de réunions ? Le projet de loi qui nous est soumis n'a pas en vue assurément la permanence et la continuité des réunions, mais bien l'unité de la séance, précédée d'une déclaration. Ce sera probablement même le fait le plus fréquent. Mais en créant ainsi les réunions temporaires, nous n'avons point déterminé le nombre des séances. Rien n'empêchera d'autres séances de succéder à la première, moyennant une déclaration ou des déclarations nouvelles ; rien n'empêchera, après avoir traité un sujet spécial et déterminé, d'en traiter un autre le lendemain. Ceux qui composeront le bureau viendront déclarer qu'ils traiteront aujourd'hui telle question, demain telle autre ; où s'arrêterait-on ? Il ne faut pas se le dissimuler, si vous avez des réunions temporaires, accidentelles, appliquées aux matières politiques ou sociales, vous avez des clubs. La réunion politique n'est qu'un vain mot; quand on l'apprécie au fond, on est en face du club. »

Ces paroles du rapporteur de la loi donnent la clef de l'article 1er et nous ramènent au point par où nous avons commencé : la loi actuelle n'a rien fait revivre d'identique aux clubs par deux motifs dominants. Les clubs résident premièrement dans l'association, qui a pour caractère la permanence, et en second lieu, dans le but politique qu'ils se proposent. Disparaissant l'un de ces deux éléments constitutifs du club, le club disparaît, pour ne plus laisser qu'un être tronqué et impuissant. Or, dans le système de la loi de 1868, ce sont à la fois les deux éléments qui manquent aux réunions. Elles ne sont dès lors que des agglomérations sans lien entre des *membres isolés*; aussi peuvent-elles faire *foule*, mais ne peuvent-elles faire *légion*.

La cohésion et la pensée politique y sont prohibées; tel est le système de la loi. Qu'avons-nous alors ? des réunions publiques, c'est vrai, mais qui ne peuvent être fécondes qu'à la condition de sortir de la légalité.

Sans doute, l'esprit français, vif en allusions et subtil jusqu'au miracle, peut passer à travers cette loi comme par un crible, et dans ces foules flottantes jeter une même pensée, une même âme, un même élan.

Mais que prouve cela? si ce n'est que nous valons mieux que la loi de 1868; que cette loi est mauvaise, parce qu'elle est transactionnelle et sans franchise, parce qu'elle accorde et n'accorde pas, parce qu'elle est une loi d'accommodement et de peur, parce qu'on a voulu, en l'octroyant, avoir l'air de donner quelque chose en ne donnant rien, ou du moins fort peu.

Ce peu, à vrai dire, est un acheminement à autre chose : c'est son seul mérite, — non pas par la loi, mais malgré elle, malgré son texte, malgré son esprit. — Les foules, sans s'associer, se réuniront, sous la parole émue des orateurs, dans une pensée commune, et sous l'enveloppe de l'allusion devineront la pensée profonde. Mais pourquoi parler de l'avenir seul quand déjà, par l'instinct du peuple, toutes les matières ont été touchées et fouillées bien ou mal, mais avec l'ardeur nécessaire pour emporter d'assaut tous les problèmes?

Ceux, il est vrai, qui ont fait cela sont en prison, victimes de la loi; nous consacrons quelques lignes à ces soldats d'avant-garde, qui ont les premiers essuyé le feu. Désavoués des chefs de l'opposition, compromis par leur ardeur, ils ont droit, certains d'entre eux au moins, à une parole sympathique et à un encouragement, puisque bien ou mal ils ont exercé le droit de parler que l'opposition régulière, par un sentiment excessif de discipline, laissait stérile et comme une lettre morte.

Quoi qu'il en soit, l'article 1er est jugé. En interdisant les matières politiques et religieuses, il enlève aux réunions publiques leur principal intérêt et force à tourner ou à violer la loi, puisque, encore une fois, les réunions strictement légales seraient par là même fatalement infécondes.

Nous laisserons de côté et à dessein les articles de la loi qui sont de pure réglementation.

L'article 3 est ainsi conçu :

Art. 3. « Une réunion ne peut être tenue que dans un local clos et couvert; elle ne peut se prolonger au delà de l'heure fixée par l'autorité compétente pour la fermeture des lieux publics. »

Le but de cet article est évidemment d'isoler la réunion, de ne pas la laisser en contact avec le grand public, en un mot, on n'a pas voulu du meeting anglais qui a lieu en plein air, et où tout le monde peut prendre place et pérorer. Dans un local *couvert*, l'espace étant limité, le nombre de personnes réunies est relativement restreint, et en exigeant que le local soit également clos, toute communication avec l'extérieur devient matériellement impossible.

Dans l'article 4 il est dit notamment que « les membres du bureau ne doivent tolérer la discussion d'aucune question étrangère à l'objet de la réunion. »

On le voit, toujours la préoccupation de restreindre et de réglementer. Suivant une expression triviale mais énergique d'un des orateurs de la gauche, il est visible qu'on a *rechigné* sur chaque article et qu'on a voulu se rattraper par le menu, forcé que l'on était de donner au peuple une bribe de liberté.

Art. 8. « Des réunions électorales peuvent être tenues à partir de la promulgation du décret de convocation d'un collége pour l'élection d'un député au Corps législatif, jusqu'au cinquième jour avant celui fixé ponr l'ouverture du scrutin.

« Ne peuvent assister à cette réunion que les électeurs de la circonscription électorale et les candidats qui ont rempli les formalités prescrites par l'article 1er du sénatus-consulte du 17 février 1858.

« Ils doivent, pour y être admis, faire connaître leurs noms, qualités et domiciles.

« La réunion ne peut avoir lieu qu'un jour franc après la délivrance du récépissé qui doit suivre immédiatement la déclaration.

« Toutes les autres prescriptions des articles 2, 3, 4, 5 et 6 sont applicables aux réunions électorales. »

Cet article, on le voit, fait un titre spécial en vue des réunions électorales ; entendons-nous, il ne s'agit que des réunions relatives à l'élection des députés au Corps législatif. M. de Tillancourt, M. le marquis d'Andelarre et M. Goerg avaient proposé un amendement qui avait pour but d'autoriser également des réunions publiques électorales pour l'élection d'un conseiller général ou d'un conseiller d'arrondissement. M. Chassaigne-Goyon leur répondit au nom du gouvernement pour le combattre, et il leur disait, non sans raison, que leur amendement, pour être logique, devait s'étendre aux conseils municipaux ; que, dès lors, en raison du renouvellement fréquent des diverses élections, son effet, s'il était adopté, serait de constituer les réunions publiques électorales en permanence. Évidemment M. Chassaigne-Goyon, au point de vue de la loi telle que le gouvernement l'avait conçue, était dans le vrai. L'amendement admis, les réunions publiques politiques se fussent répandues sur toute la France avec ce titre et sous ce prétexte de réunions électorales. Et le but de la loi eût été manqué, puisqu'elle entend précisément chasser la politique de ces réunions.

Elle les admet par exception quand il s'agit de nommer les députés au Corps législatif. Mais c'est pour ce cas-là seulement. L'amendement eût faussé, eût culbuté la loi ; — il ne put point passer.

Dans le système de l'article que nous examinons il y a à proprement parler cinq jours de retraite, de repos électoral. Les combattants sont rentrés sous la tente et les citoyens réfléchissent.

L'administration elle-même, tout infatigable qu'elle soit, est tenue au repos, au moins apparent. M. Pinard, ministre de l'intérieur, interpellé sur la question de savoir si le gouvernement se réservait la faculté d'autoriser quelques réunions au profit de tel ou tel candidat, répondit très-formellement non.

« Nous répondons négativement, dit-il, parce que nous estimons que la loi ne nous le permet pas et ne laisse aucune faculté au gouvernement à cet égard.

« La loi permet les réunions politiques, c'est-à-dire les réunions électorales, à partir de la convocation du collége, mais elle ne les permet que pendant quinze jours, et, durant les cinq jours qui précèdent l'élection, elles sont interdites dans un intérêt d'apaisement et de sécurité. Nous n'avons pas le droit, pendant cette période, d'autoriser une réunion, pas plus pour les candidats d'une couleur que pour ceux d'une autre.

Le droit n'existe pour aucun candidat à partir des cinq derniers jours qui précèdent l'élection. L'interdiction est pour tous ; le ministre de l'intérieur, le pouvoir administratif, n'a le droit de prolonger au profit de personne le droit accordé pour quinze jours seulement. Il ne saurait le ressusciter sous la forme de l'autorisation.

« Le droit de réunion électorale est un droit accordé aux citoyens et qui, désormais, ne dépendra plus de l'autorisation. Mais à partir du jour où le droit cesse, dès que la période des cinq jours commence, il n'y a plus de pouvoir administratif qui puisse l'accorder à tel candidat ou à tel autre. »

Voilà qui est clair.

Nous passons sous silence les articles qui suivent pour arriver immédiatement au treizième et dernier, lequel est ainsi conçu :

Art. 13. « Le préfet de police à Paris, les préfets dans les départements, peuvent ajourner toute réunion qui leur paraît de nature à troubler l'ordre ou à compromettre la sécurité publique.

« L'interdiction de la réunion ne peut être prononcée que par décision du ministre de l'intérieur. »

Nous pouvons le dire sans crainte de nous tromper, ce dernier article détruit tout l'édifice déjà si chancelant de la loi. C'est un soufflet qu'elle se donne, c'est un suicide; c'est le principe affirmé d'abord, dénié ensuite. Cet article 13 fait de la loi une dérision et un leurre.

On n'a pas encore osé s'en servir; une pudeur honorable en a empêché. Dans un moment de crise ou de mauvaise humeur, on s'en souviendra pour l'appliquer. M. Jules Simon attaquait ce funeste article dans les termes suivants, devant la Chambre :

« Oui, vous avez douze articles pour organiser, tant bien que mal, une certaine liberté, et suivant moi vous l'organisez aussi mal que possible, et quand vous l'avez organisée, vous avez un treizième article qui la détruit. Comment le droit d'ajourner, le droit d'interdire, comment cela s'appelle-t-il en français? Cela s'appelle le régime arbitraire. Il y a cette différence entre l'état actuel et celui qui nous est offert que, dans l'état actuel, il faut que nous allions saluer M. le ministre de l'intérieur et que nous lui disions : Ayez la bonté de nous permettre d'user de ce droit sacré qui nous appartient par cela seul que nous sommes des citoyens français, et que, quand la nouvelle loi sera votée, nous userons bravement de notre droit comme des gens qui n'ont plus rien à demander à personne.

« Nous déposerons notre déclaration, cela seul suffit pour assurer notre droit. Nous rentrerons alors chez nous et nous y trouverons une lettre du préfet ainsi conçue : « J'ajourne; » et le lendemain nous recevrons un télégramme ainsi conçu : « J'interdis. » Voilà, messieurs, toute la différence, et à présent dites-moi, que vous en semble?

« J'attends de pied ferme celui qui me démontrera que votre article 13 n'est pas l'arbitraire en propre personne, et qui établira qu'une loi qui se termine ainsi ressemble de près ou de loin à la liberté. Je serai charmé d'entendre son argumentation; et j'ose dire que ce sera une nouveauté dans l'histoire des raisonnements humains. »

L'article 13, dit à son tour M. Marie, l'article 13 détruit complétement le système de la loi.

« Quelle était, avant le projet de loi, la législation sur les réunions, quelle sera-t-elle si le projet est adopté, et quelle serait-elle enfin si l'article 13 était voté par vous?

« Voilà trois questions que je vous demande la permission de parcourir très-sommairement pour vous démontrer qu'avec l'article 13 voté, la liberté de réunion n'est plus qu'un mot, une illusion.

« Avant la loi actuelle il y avait deux sortes de réunions : les réunions particulières non publiques, dans lesquelles on pouvait s'occuper de tout, même de matières politiques et religieuses, et qui n'étaient soumises à aucune mesure, surtout à aucune mesure préventive. Point d'autorisation, point de déclaration d'existence, et surtout point d'obligation de subir une surveillance quelconque.

« Il y avait en outre les réunions publiques dans lesquelles, au contraire, qu'on s'occupât ou non de matières politiques ou religieuses, l'autorisation, mesure essentiellement préventive, était absolument nécessaire.

« Voilà quel était le système de législation en matière de réunion avant le projet de loi qui nous occupe.

« Eh bien, si le projet de loi est voté, il y aura désormais trois catégories de réunions. Permettez-moi de les définir très-sommairement.

« Les réunions particulières qui ne seront pas publiques et dans lesquelles on pourra s'occuper de toute espèce de matières, même politiques ou religieuses, ces réunions particulières ne relèveront que d'elles-mêmes; elles n'auront pas besoin d'autorisation, elles n'auront pas besoin de déclaration d'existence, elles n'accepteront point de surveillance. Seulement, elles seront responsables de leurs actes.

« Voilà pour les réunions particulières.

« Quant aux réunions publiques, on les distingue en deux classes.

« Il y a les réunions publiques dans lesquelles on s'occupera de matières politiques ou religieuses, et, dans ce cas, il faudra nécessairement obtenir, comme par le passé, l'autorisation préalable du gouvernement. Pourquoi? parce que ces sortes de réunions sont tout d'abord frappées de suspicion, parce que l'on prévoit que ces réunions peuvent être dangereuses.

« Il y a une seconde classe de réunions publiques; elle comprend les réunions publiques s'appliquant à d'autres matières qu'aux matières politiques ou religieuses; elle comprend aussi les réunions organisées en vue des élections du Corps législatif, et dans ces dernières, on peut parler de politique, on peut parler de religion.

« Pour cette seconde classe de réunions publiques, pas de nécessité d'obtenir une autorisation préalable, pas de mesures préventives qui les entravent. Seulement, ceux qui veulent organiser ces réunions ont des formalités à remplir; ils doivent déclarer qu'elles existent, afin d'appeler sur elles l'attention et, par conséquent, la surveillance de l'autorité.

« L'autorité surveillera donc ces réunions, mais celles-ci, comme les précédentes, ne seront responsables que de leurs actes, c'est-à-dire que lorsqu'elles auront fonctionné et agi, il apparaîtra que l'acte qu'elles auront accompli est bon ou mauvais ou indifférent. S'il est mauvais, la justice répressive interviendra et appliquera les pénalités édictées; s'il est bon ou indifférent, il n'y aura pas lieu à répression.

« Voilà le système que le projet de loi actuel substitue à la législation ancienne sur les réunions.

« Maintenant je suppose la loi votée. Voyons-la à l'œuvre : je veux fonder une réunion dans laquelle on s'occupera de matières politiques ou religieuses: il me faudra une autorisation préalable; je devrai la demander et je la demanderai, sous peine de m'exposer aux dispositions répressives édictées dans le projet de loi. Voilà qui est clair. Mais je veux fonder une réunion publique dans laquelle on ne s'occupera de matières ni politiques ni religieuses, ou dans laquelle on s'occupera exclusivement des intérêts électoraux qui s'agitent dans le moment, qu'aurai-je à faire? Évidemment je n'aurai pas besoin d'autorisation préalable; il me suffira de déclarer son existence pour appeler sur elle la surveillance du gouvernement; le gouvernement nommera son fonctionnaire.

« Cela fait et après l'accomplissement des formalités que je viens de rappeler, la réunion que je désire fonder pourra-t-elle entrer en action? Pas du tout, à ce moment on m'arrête; l'article 13 intervient et me dit : M. le préfet oppose son veto, il ajourne la réunion ; il ne peut que l'ajourner, c'est vrai, mais il en référera au ministre de l'intérieur, et celui-ci pourra l'interdire.

« Chose étrange ! j'ai rempli toutes les formalités pour avoir la liberté de réunion promise, et, au moment où la réunion va s'ouvrir, au moment où elle va fonctionner, quoi ! elle pourra être d'abord ajournée par le veto du préfet, ensuite interdite définitivement, suivant les circonstances, par une décision du pouvoir central ! Ainsi la loi dit, d'un côté : Vous pouvez former ces sortes de réunions sans autorisation, car vous avez la liberté de les former ; et elle dit, d'un autre côté : Oui, vous pouvez former ces réunions sans autorisation préalable, mais elles pourront être arrêtées, à l'instant même où elles voudront ouvrir leur première séance, par un veto du préfet ou une interdiction du ministre.

« Quelle différence y a-t-il entre un veto qui ferme une réunion au moment où elle va s'ouvrir et une autorisation préalable sans laquelle elle ne peut avoir lieu ?

« Il y a cette différence pourtant que, dans le système nouveau, j'aurai dû faire beaucoup de démarches pour arriver à déclarer l'existence de ma réunion, et que, les démarches faites, la réunion n'aura cependant pas lieu ; tandis que dans le système ancien j'avais, il est vrai, à obtenir une autorisation préalable, mais, pour cela, il me suffisait de m'adresser à l'administration qui, immédiatement, m'accordait ou me refusait. Évidemment, au fond, il n'y a pas de différence sérieuse. »

Nous n'avons rien à ajouter à ces critiques si justes, si évidemment irréfutables.

Oui, l'article 13 maintient l'arbitraire que la loi avait la prétention de détruire; il maintient l'arbitraire en l'aggravant; il détruit le peu que donne la loi; si peu que ce fût, il le retire, et tourne en dérision l'œuvre telle quelle, qui, du moins, à défaut de mieux, était un acte de bon vouloir du prince.

L'article 13, c'est la loi raillée et annulée par elle-même.

Telles sont les précieuses libertés que contient la loi de 1868 : le droit de parler, à la condition de ne rien dire, le droit de se réunir, à la condition d'être agréable; au fond, c'est l'arbitraire avec les apparences de la légalité et, sous l'hypocrisie des formes, c'est encore (pour combien de temps hélas!) le règne du fonctionarisme tout-puissant, prêt à tuer le droit dans l'œuf, si le droit est pour lui un péril, ou seulement une menace.

Que le droit de réunion ainsi vicié dans son germe ait donné des fruits étranges, qui s'en étonnera? L'institution naissante ne devait-elle pas d'ailleurs jeter sa gourme?

Les premières réunions publiques sont à étudier, car il s'y est révélé quelques hommes.

A la salle de la Redoute, au Pré-aux-Clercs et ailleurs, les questions sociales se posèrent, et, cela, avec si peu de ménagement que Garnier-Pagès crut pouvoir dire des orateurs les plus turbulents son fameux : *Qui les paye ?*

Le gant, dès ce jour, était jeté par les députés de

la gauche, à ces orateurs nouveaux et sans autorité peut-être, mais qui, faisant partie de la foule, lui parlaient son langage.

Du haut de son talent oratoire, J. Favre dédaignait, et le spirituel Picard esquivait le contact de ces volontaires de la parole.

Ils ont vécu comme les éphémères et payent de la prison leur liberté d'un jour.

Voici le signalement de quelques-uns d'entr'eux, tracé par un de leurs frères.

Abel PEYROUTON. — Un des premiers fondateurs des réunions publiques : ses opinions radicales et absolues ainsi que la véhémence de ses discours lui ont valu quatre condamnations successives. Les témoignages d'estime et de sympathie que lui donnent les citoyens qui l'ont entendu, le dédommagent amplement des insultes de la presse officieuse. (Accusé d'être un bourgeois par ses amis. Quatre condamnations : Manœuvres à l'intérieur [*Baudin*]; attaque à la propriété, à la famille; apologie d'un fait qualifié crime.)

Mme *Paul* MINCK. — Parle partout et sur tout, même sur les impôts, dont monsieur son frère lui enseigne des éléments mal digérés. Elle cause à la tribune plutôt qu'elle n'y parle, et elle émaille sa causerie de pointes d'esprit. Ce qu'elle veut surtout, c'est l'émancipation de la femme.

M. POSTEL. — Jeune homme aux blonds cheveux et à la fine moustache, — résolûment catholique. — On le dit ancien substitut de procureur impérial. — Il a, en toutes circonstances, au Pré-aux-Clercs surtout, défendu avec beaucoup d'intelligence les doctrines ultramontaines. — N'a jamais été poursuivi. Ses adversaires sont en prison.

M. Passy (*Frédéric*). — Économiste de grand talent. — N'a fait que de courtes apparitions à la Redoute pour défendre le capital ; lorsqu'il parle, sa voix est lamentable et son style très-fleuri. — Ne paraît pas, du reste, de complexion à supporter les orages de la tribune populaire : aussi y a-t-il renoncé.

Briosne. — L'un des orateurs les plus remarquables des réunions publiques. — Voix admirablement timbrée, geste sobre, diction claire et savamment scandée. Malheureusement, de ses nombreux discours — il a parlé dans presque toutes les réunions publiques — il ne ressort pas un ensemble de doctrine net et précis ; à coup sûr, il demande la *liquidation sociale*. — Mais son système ne s'est pas encore révélé. Condamné à huit mois de prison et 500 francs d'amende pour excitation à la haine et au mépris des citoyens les uns contre les autres : attaque à la propriété.

Chemalé. — Se rattache en économie sociale et politique à l'école proudhonienne. — Malgré la forme un peu abrupte de ses discours, c'est un orateur. — Grande facilité d'élocution. — Dans toutes les questions qu'il a traitées, il a montré une très-grande connaissance des faits et des chiffres, de la sagacité dans l'observation et une logique imperturbable. — A parlé principalement à la Redoute, à la salle du Jardin-de-Paris, à Montparnasse, et au Pré-aux-Clercs. — A renoncé, devant l'intolérance des communistes, à prendre la parole à Belleville.

Horn. — Hongrois de naissance, naturalisé Français. — A ouvert la première réunion publique à la salle du Waux-Hall; a joui, dans le début, d'une très-grande popularité, en dépit de son accent étranger et d'une physionomie peu sympathique.

Beaucoup d'esprit et d'habileté, de très-vastes connaissances économiques, politiques et historiques.

Condamné à 100 francs d'amende en janvier.

De Tayac. — A parlé au Pré-aux-Clercs, à la Redoute, au Vieux-Chêne et au Jardin-de-Paris. Condamné à deux mois de prison et 200 francs d'amende pour excitation à la haine et au mépris du gouvernement (salle du Jardin-de-Paris. — Salariat et paupérisme), et excitation à la haine et au mépris des citoyens : socialiste de l'école proudhonienne. — A surtout combattu dans ses discours l'organisation administrative de la société actuelle et toutes les institutions soi-disant philanthropiques, qu'il considère comme impuissantes et démoralisatrices.

Longuet. — Socialiste de l'école proudhonienne; voix puissante, éloquence passionnée, solide instruction économique. — A parlé au Pré-aux-Clercs, au Vieux-Chêne, à la Redoute, au Jardin-de-Paris, à la salle Tivoli, etc., etc.

Gagne. — Grotesque; a parlé dans presque toutes les réunions pour la plus grande joie des sots et des malveillants. — Fou vaniteux et non dépourvu de fiel.

Lenormand (Fr). — Orateur catholique du Pré-aux-Clercs et du Vieux-Chêne; très-belle prestance, un peu de fatuité; a trop souvent rappelé à ses auditeurs qu'il était bibliothécaire de l'Institut et qu'il avait écrit quelques livres d'histoire ; affecte, malgré ses opinions catholiques, un très-grand libéralisme en politique ; semble rêver, après Buchez et bien d'autres, une impossible réconciliation entre les idées nouvelles et les traditions catholiques.

Langlois. — Orateur véhément et nerveux (Pré-aux-Clercs et Redoute). — Vaste instruction, débit facile, geste violent, conviction sérieuse.

Le plus intelligent, le plus éclairé, le plus complet des proudhoniens.

Esquiros (Adèle). — A parlé au Waux-Hall (sur le divorce) et à la Redoute (sur le travail des femmes); voix enfantine, manque de logique et de suite dans les idées.

Ducasse. — Se manifesta d'assez bonne heure dans les réunions publiques, y défendit le socialisme, se signala surtout par des attaques dirigées contre les personnalités bourgeoises. Il fut autrefois étudiant en théologie protestante. Orateur érudit, éloquent, ferme, et, à coup sûr, convaincu.

Rigault (Raoul), étudiant en médecine, ne parut dans les réunions qu'au mois de novembre, fut l'un des fondateurs des réunions de Ménilmontant (transférées plus tard à Belleville). Il ouvrit cette série de réunions par un discours où il se déclara communiste, et par suite partisan de l'instruction égale et obligatoire pour tous, à la charge de la nation. Son discours sur les unions libres (Pré-aux-Clercs) fut le premier poursuivi et condamné (outrages à la morale publique et religieuse; quatre mois de prison et 200 francs d'amande). C'est lui qui, à la suite de ce procès, présenta la motion d'ordre qui demandait, conformément à l'article 6 de la loi du 11 juin 1868, l'expulsion des assesseurs des commissaires de police. Cette proposition qui fut adoptée lui valut deux autres mois de prison pour outrages à des magistrats de l'ordre administratif. Est entré en prison le 2 février. Fut souvent président à Belleville.

Budaille, ancien instituteur public, est une des personnalités qui, dans ces derniers temps, se sont le plus manifestées. Il organisa chez lui, place du Trône, dans une salle qui prit le nom de Jeune-Gaule plusieurs séries de réunions publiques. Il fut le premier qui inaugura des réunion privées où furent appelés les députés de la Seine. Democrate de bonne foi, sans doute, mais d'une expansion peut-être plus vive qu'intelligente.

Fribourg fut avec Tolain l'un des promoteurs les plus ardents de la coopération. A pris plusieurs fois la parole au milieu d'une assemblée, qui à tort ou à raison, l'écoutait avec défiance. N'a jamais été poursuivi, pas même dans les procès intentés aux deux commissions de l'Association internationale des travailleurs ; a, du reste, cessé de faire partie de cette association. A participé à la publication de la collection connue sous le titre : *Brochures ouvrières*, et préconisant ce socialisme *impérial* dont M. Hugelmann, après le préfet de police, est le principal apôtre.

Bresson (Théodore), sculpteur, ne parla guère que des haines à lui inspirées par les religions ; fut, à la suite de ses discours, condamné à deux mois de prison pour outrages à la morale publique et religieuse.

Clamageran, avocat, l'un des Treize. Économiste ; orateur abondant, mais ennuyeux. Il lui est arrivé, dans les réunions de la Redoute, de parler une heure et demie et de se faire continuer la parole à la séance suivante pour achever son discours. Partisan zélé du laissez-faire.

Williams, publiciste. C'est lui qui le premier osa, dans son *Histoire de la Révolution*, prendre la défense de J.-P. Marat; mais il ne paraît pas être imbu suffisamment des principes du grand révolutionnaire. C'est un juste milieu qui consentirait peut-être à la République « honnête et modérée », mais jamais a la sociale. Il n'a conservé de 93 que l'habitude de porter des gilets blancs à revers.

....

Nous avons dit comment le gant avait été jeté par Garnier-Pagès aux orateurs des réunions publiques.

Ces derniers ont à leur tour appelé en champ clos les orateurs de la gauche. Voici leur sommation.

AUX DÉPUTÉS DE L'OPPOSITION LIBÉRALE.

« Citoyens députés,

« Nous ne croyons pas être contredits par aucun de vous en affirmant qu'en France la peur du socialisme a été, de 1848 à 1851, la cause principale de la perte successive des libertés politiques, laborieusement conquises par nos pères; que cette peur avait fini par rejeter dans le camp de la réaction autoritaire la presque totalité des hommes qui avaient défendu jusqu'alors les principes de la Révolution; que si le parti de la liberté s'est ensuite lentement reconstitué, c'est parce que la peur du socialisme s'était progressivement évanouie; que par le fait des réunions publiques, où la question sociale s'est de nouveau posée, la peur, un moment disparue, tend à renaître avec son ancienne intensité ; et enfin, que si elle ne réussit pas à la faire cesser avant les prochaines élections, l'opposition libérale, dont vous êtes les représentants officiels, risque fort d'être vaincue, sinon à Paris, du moins dans les départements.

« Nous aussi, socialistes, nous voulons, bien que par d'autres motifs, faire cesser cette peur absurde de la question sociale, et, puisque nous sommes d'accord avec vous sur ce but, nous vous offrons loyalement le moyen de l'atteindre.

« Nous vous proposons, à cet effet, de convoquer une réunion de 2,000 personnes, les cartes d'entrée à cette réunion étant ainsi distribuées :

500, remises à la chambre de commerce;
100 — à l'ordre des avocats;
50 — à la magistrature;
50 — aux officiers ministériels;
50 — à la Faculté de médecine;
50 — au journalistes;
100 — aux différents ministères;
50 — aux Corps législatif;
25 — au Sénat;
25 — au conseil d'Etat,

500, remises dont vous disposerez comme vous voudrez ;

Et 500 — laissées par vous aux socialistes qui accepteront de vous la sommation suivante :

« Sommation de faire connaître, avec précision et sans réticence aucune, non pas leurs idées sur l'avenir de l'humanité, idées qui doivent être d'autant plus vagues, qu'elles s'appliquent à un avenir plus éloigné, mais, ce qui est bien différent et bien autrement important, les mesures législatives qui leur paraissent nécessaires et suffisantes pour accomplir ce qu'ils appellent la révolution sociale.

« Désireux comme vous, citoyens députés, d'en finir avec cette peur absurde, qui fait seule obstacle au triomphe de la liberté ; convaincus d'ailleurs qu'un pouvoir quelconque ne pourra jamais révolutionner à sa guise une société qui ne veut pas être révolutionnée, ou la faire marcher dans un sens contraire à celui dans lequel, à tort ou à raison, elle veut et entend marcher, nous avons, après mûres délibérations, pris le parti d'aller au-devant de votre sommation.

« Nous vous invitons publiquement à venir discuter avec nous, devant une assemblée composée comme nous venons de le dire, les voies et moyens de la Révolution sociale.

« Trois sténographes, choisis d'un commun accord, seront chargés de publier *in extenso* vos discours et les nôtres, et la France, attentive à ce grand débat, sera juge.

« Qu'avez-vous à craindre ? Ce n'est pas le talent

oratoire qui vous manque. Et certes, si nous n'étions pas convaincus de la justice et de la praticabilité de nos moyens, il y aurait de notre part une grande outrecuidance à oser discuter avec vous. Mais nous savons, pour l'avoir expérimenté dans les réunions publiques, que, chez le peuple français, l'amour de l'art n'exclut pas le bon sens, et que celui-ci finit toujours par l'emporter.

« Nous savons aussi, et c'est là surtout ce qui explique notre audace, que si, contre notre attente, nous devons être vaincus par vous sur le terrain pratique ; que si vous réussissez, par vos arguments, à convaincre la nation française de l'impraticabilité de nos moyens, nous réussirons, de nôtre côté, à lui démontrer clair comme le jour la nécessité de trouver d'autres moyens et l'impossibilité de rester dans le *statu quo*.

« Le parti socialiste, auquel nous avons l'honneur d'appartenir, sera sans doute alors renvoyé à l'école des moyens ; mais la nation, nous en sommes profondément convaincus, vous y renverra avec lui en posant ainsi le problème :

« Formuler un ensemble de mesures législatives telles que , la liberté du travail et la liberté des transactions restant sauves, l'égalité des conditions en résulte progressivement et promptement, sans spoliation ni banqueroute. »

« Et par là, citoyens députés, notre défaite commune ne pourra être qu'une victoire commune, une victoire qui, faisant enfin cesser la peur du socialisme, nous conduira, dans un avenir prochain, à la glorieuse et définitive conquête de la liberté, sans laquelle pas de dignité nationale.

« Dans l'espoir d'une réponse favorable, nous vous envoyons, citoyens députés, l'expression de nos sentiments fraternels.

« Ont signé, les citoyens : E. Chemalé ; A. Murat ; G. Lefrançais ; Briosne ; H. Tolain ; Demay ; Aug. Bibal ; C. Combes (avocat) ; Ch. Longuet ; Pierre Denis ; J.-A. Langlois. »

Il faut regretter que les députés de la gauche n'aient pas cru devoir déférer à cette mise en demeure du parti radical. Leur abstention, leur silence ont été traduits, pour les uns par : *dédain*, pour les autres par : *impuissance*.

Ceux qui les provoquaient au champ clos de la discussion étaient les organes d'une idée et, pour ainsi parler, d'une religion nouvelle. L'horizon politique s'est agrandi. Mais la majorité des hommes — devenus tous citoyens par le suffrage universel — est encore plongée dans l'ignorance et la misère. Voilà les deux ennemis que la démocratie doit terrasser. On ne veut plus de misère pour personne ; il faut pour tous le bien-être et l'instruction première, dans laquelle seule l'homme puise la dignité du citoyen. Sans l'instruction, sans le bien-être, tout n'est que leurre, le suffrage universel lui-même devient un instrument de servitude. C'est donc dans ces masses profondes où la misère fausse parfois les instincts, mais sans en altérer la générosité, où naissent les génies rénovateurs et les âmes les plus pures, d'où sort aussi sous le choc des misères la foudre des révolutions, c'est là, disons-nous, que le philosophe, l'écrivain, l'orateur doivent porter les yeux, chercher leurs inspirations et leur but.

Se trompaient-ils dans leur foi et dans leurs espérances, ces ardents apôtres de l'idée socialiste, jetant le défi aux plus habiles et aux plus autorisés?

Soit! mais alors n'était-ce pas à un grand esprit, comme celui de M. Jules Favre, par exemple, de les réfuter et de leur indiquer la route à suivre?... Et, s'ils avaient raison, ne fallait-il pas courir à une défaite qui eût été un triomphe pour la cause sainte?

Quoi qu'il en soit, l'abstention des députés de la gauche a créé une scission; et à qui tout cela profite-t-il?

Hélas! la formule est vieille comme le monde : *Régner en divisant!*

C'est un moyen grossier, bien connu, mais qui a de tout temps servi à tous les tyrans.

Les querelles du peuple font la force et la sécurité du prince.

Gardons-nous cependant de juger par les premiers fruits de l'avenir du droit de réunion.

Il se débat, en ce moment, dans les piéges de loi louche et hypocrite, mais il finira par briser ses entraves et donnera, alors, les résultats qui accompagnent toujours, infailliblement, son libre exercice, c'est-à-dire l'ordre véritable, la vie politique, en dehors desquels il n'y a ni grandeur ni prospérité pour les États.

Qu'avons-nous vu, en effet, au cours de cette étude?

Nous avons vu Athènes et Rome se développer et grandir à l'ombre protectrice du droit de réunion, droit naturel, primordial, éternel, absolu, imprescriptible, et péricliter ensuite, l'une et l'autre, jusqu'à l'anéantissement, sous l'action décroissante ou l'étouffement complet de ce même droit.

Nous avons vu, dans l'histoire de notre propre nation, les villes du midi de la Gaule, qui étaient restées fidèles aux traditions du municipe romain, et par conséquent à l'exercice du droit de réunion, s'étaler vivantes et prospères, à coté de nos villes du nord où le despotisme de la conquête avait fait la misère et la servitude au milieu du silence et de l'inertie, — puis, bientôt, ce feu sacré de l'indépendance et de la liberté, que l'esprit romain avait déposé au sein des cités méridionales, gagner de proche en proche les cités du nord, et déterminer ce grand mouvement de la bourgeoisie, qui s'appelle l'*affranchissement des communes*.

Nous avons vu, un peu plus tard, comme conséquence de cet affranchissement, Philippe le Bel amené à introduire, dans le conseil institué par Pepin, des éléments plus démocratiques, c'est-à-dire des membres des communes, le *tiers état*, et l'antique Champ de Mai se trasformer en assemblée des États généraux, qui firent, eux, la révolution de 89.

Nous avons vu, sous le premier empire, Bonaparte étouffer de nouveau le droit de réunion, refaire le silence, système qui aboutit en peu d'années à deux nvasions étrangères et au rétablissement des Bourbons.

Nous avons vu la Restauration, royauté de droit divin, minée par les associations politiques qui engendrèrent la Chambre de 1827, se jeter dans le ministère Polignac et les Ordonnances : d'où sa chute.

Nous avons vu, enfin, le gouvernement de Juillet et la seconde République périr par la suppression du droit de réunion.

Ne résulte-t-il pas de tous ces exemples, et cela jusqu'à l'évidence, que le respect de ce droit est la première condition de la grandeur d'un peuple, et que les réunions publiques sont à la fois un instrument de ruine pour les gouvernements oppresseurs et la plus sûre garantie de stabilité pour ceux qui, s'inspirant de l'opinion, comme aux États-Unis, marchent dans des voies sincèrement démocratiques?

C'est tout ce que nous avons voulu démontrer.

Paris. — Imp. Paul Dupont, rue Jean-Jacques-Rousseau, 41.

EXTRAIT DU CATALOGUE (MAI 1869)

Volumes in-18 jésus à 3 fr. 50 c.

Les Ruines ou Méditation sur les Révolutions des empires, suivies de la **Loi naturelle,** par VOLNEY, précédées d'une Notice sur la vie et les Œuvres de Volney par Jules CLARETIE.

Cet ouvrage, qui devrait être dans toutes les mains, explique les lois immuables qui président à la formation et à la dissolution des empires : il montre que le fanatisme religieux est l'obstacle permanent du progrès.

Histoire de la Misère ou le Prolétariat à travers les âges, par Jules LERMINA.

Les questions sociales, à notre époque, renaissent plus palpitantes que jamais : M. Jules Lermina s'est donc attaché à étudier la situation du pauvre, du non possesseur, dans tous les temps, afin de pouvoir indiquer le remède au mal qui dévore le monde et qu'on appelle la misère.

Les Dragonnades sous Louis XIV, Histoire des Camisards, par Eugène BONNEMÈRE.

En France, comme dans toute l'Europe, le protestantisme était l'affirmation du progrès contre l'obscurantisme des idées religieuses du temps : l'épisode de la guerre des Camisards, où Louis XIV, le despote par excellence, pour écraser la liberté de penser, fit massacrer les populations des Cévennes, est l'un des plus intéressants de cette époque,

Le Confessionnal, par Émile FAURE et Thomas PUECH. 2e édition.

Ce livre est une protestation énergique contre le confessionnal : il démontre que le prêtre le plus honnête peut résister à grand'peine aux conséquences de la confession, et prouve quelle arme terrible peut devenir le confessionnal aux mains d'un prêtre indigne.

Origine des Cultes, par DUPUIS. — Cette édition est en tout conforme à celle publiée par l'auteur en 1798.

Cet ouvrage, complément des *Ruines* de Volney, par des études consciencieuses, démontre que la domination a été le seul but de tous les fondateurs de religion.

Histoire de l'Inquisition, par Arthur ARNOULD.

Tous les ouvrages qui ont été faits sur cette terrible institution ont un caractère romanesque qui déplaît aux hommes sérieux. M. Arthur Arnould, a puisé ses documents aux sources les plus sûres et les plus authentiques, et a fait l'histoire la plus palpitante de ces massacres juridiques ordonnés par les prêtres d'une religion d'amour : il montre l'Espagne grande et prospère descendant au dernier rang des nations, grâce à l'Inquisition.

Histoire des Communautés religieuses, par A. de ROLLAND.

Les Communautés religieuses sont-elles utiles? Telle est la question que se pose l'auteur. Et pour y répondre, il prend faits et chiffres en mains : il montre la dépopulation suivant l'augmentation des couvents ; des capitaux et des propriétés immenses se groupant autour d'une impersonnalité et enlevés au torrent de la circulation ; sans compter les abus nombreux qui viennent se révéler chaque jour devant les tribunaux.

Les Hommes de 1848, par A. VERMOREL. 3e édition.

Les Hommes de 1851, par A. Vermorel. 2e édition.

Ces deux ouvrages forment l'histoire des événements de 1848 à 1852, présentés surtout au point de vue des hommes qui y ont joué un rôle. Ces hommes sont encore vivants pour la plupart, ils occupent la scène politique et il est utile de les juger au point de vue du passé.

Ouvrages de formats et de prix divers :

Le coup d'État du 2 décembre 1851, Historique des événements qui ont précédé le coup d'Etat. — Physionomie de Paris. — Arrestations et barricades. — Faits qui ont suivi la chute de la République. — Pièces et documents officiels. — Par les auteurs du *Dictionnaire de la Révolution française*. 7e édition. 1 vol. in-18 de 224 pages......... 1 50 c.
Le même in-18 raisin.. 50 c.

Histoire des Conseils de guerre de 1852, ou Précis des événements survenus dans les départements à la suite du coup d'Etat de décembre 1851. Ouvrage plus complet que tous ceux qui ont paru jusqu'à ce jour en France, écrit d'après les documents officiels, les journaux de l'époque, et classés par ordre alphabétique, par les auteurs du *Dictionnaire de la Révolution française*, 1 vol. in-18 de 428 pages. 1 fr. 50 c.
Le même in-18 raisin .... 1 fr. 25 c.

Trognon de Pomme, Trognon de Chou : l'Opposition du second Empire, par A. Vermorel, in-fo. de 4 pages........... 25 c.
Pamphlet très-vif et fort curieux.

Volumes grand in-4o à 3 colonnes, format colombier.

Dictionnaire populaire illustré d'Histoire, de Géographie, de Biographie, de Technologie, de Mythologie, d'Antiquités, d'Art militaire, de Droit usuel, des Beaux-Arts, de Littérature, par Décembre-Alonnier; 600 illustrations inédites par Bertall, Castelli, Lix, Thorigny, Philippoteaux, Yan-d'Argent, etc., gravées par Trichon. Trois beaux volumes de 2400 pages à 3 colonnes............................ 16 fr. 50 c.
Le même, relié en 2 volumes.......................... 20 »

Véritable encyclopédie indispensable à toute personne désireuse de compléter ses connaissances.

Dictionnaire de la Révolution française, par Décembre-Alonnier : illustrations d'après des dessins originaux et des gravures du temps, par Trichon. — Le Dictionnaire de la Révolution française formera 200 livraisons grand in-4o, ornées de magnifiques gravures par nos principaux artistes, à 10 centimes. Le fascicule de 5 livraisons brochées, 50 centimes. Une livraison le mardi de chaque semaine. 33 fascicules sont en vente.

Seule véritable histoire de la Révolution, puisée aux documents authentiques.

Dictionnaire d'Histoire naturelle, comprenant la Botanique, la Zoologie, la Minéralogie, la Géologie, par Décembre-Alonnier : illustrations de Yan-d'Argent, de Bérard, Alexandre de Bar, Delannoy, Lanson, Lehnert, Riou, Maubert. 1 beau volume de 800 pages à 3 colonnes. 10 fr.
Avec belle demi-reliure riche.................................. 14 fr

Volumes grand in-4o à 2 colonnes, format pittoresque.

Les Nuits du Palais-Royal, par sir Paul Robert, continuées par L. de Vallières. — 100 livraisons magnifiquement illustrées, sur beau papier, 10 centimes (800 pages de texte).

La série de 5 livraisons brochées, 50 centimes.—Illustrations de Gilbert, gravures de Trichon. -L'ouvrage complet. 10 fr.

Les Prussiens en France, Histoire complète de la Monarchie prussienne depuis la fondation; le récit des évènements qui se sont produits en Prusse et dans toute l'Allemagne, pendant la période républicaine et impériale ; histoire des batailles, siéges, combats, etc; traités de paix; histoire de la Campagne de France, terminée par un tableau de la situation actuelle de la Prusse. Ouvrage beaucoup plus étendu que tout ce qui a été publié en ce genre et écrit d'après les journaux et mémoires du temps et documents historiques.

Cet ouvrage est illustré de 106 dessins par Lix, Beyle, Gerlier, Lançon, Tobb, etc., gravés sur bois par Trichon.

Les Prussiens en France forment 106 livraisons magnifiquement illustrées sur beau papier, au prix de 10 centimes, ou 21 séries à 50 centimes.

L'ouvrage complet.. 10 fr. 60

Les Mémoires des Sanson, par H. SANSON, ancien exécuteur des hautes-œuvres de la cour de Paris. 100 livraisons magnifiquement illustrées par Mès, gravures de Lesestre père, à 10 centimes. La série de 10 livraisons brochées, 1 franc. L'ouvrage complet.............. 11 fr.

Brochures grand in-4° à 2 colonnes, format pittoresque.

Les Bourgeois de Molinchard par CHAMFLEURY ; très-belle brochure grand in-4°, illustrée de 17 dessins par Lix, gravés par Trichon. 1 fr.

Les Oies de Noel, par CHAMFLEURY ; très-belle brochure grand in-4°, illustrée de 7 dessins par Lix, gravés sur bois par Trichon..... 75 c.

Les Victimes de Richelieu ou **les trois filles d'honneur**, par Félix de SERVAN.

Une belle brochure de 204 pages in-4° à 2 colonnes ; illustrée de 26 dessins par Gaildrau, gravés par Lesestre père.................. 2 fr. 50

Les Intrigues de Marie de Médicis ou **le Château de Pierrefonds**, par Félix de SERVAN.

Une belle brochure de 228 pages in-4° à 2 colonnes, illustrée de 27 dessins par Philippoteaux, gravés par Lesestre père.............. 2 fr. 60

Louis XI à Amiens, par Félix de SERVAN.

Une belle brochure in-4° à 2 colonnes, illustrée de dessins par H. Rousseau.. 1 fr. 50

La Maison de Banque Rapinard et Compagnie, par DREIMANNER.

Une brochure de 216 pages grand in-4°, à 2 colonnes ornée de 27 dessins par Lix gravés par Trichon .... 2 fr. 80

Le Club des Pourris, par le même.

Une brochure grand in-4° de 176 pages à 2 colonnes, illustrée de 27 dessins par Lix.. 2 fr. 30

Un Ambitieux.

Une brochure grand in-4° à 2 colonnes, de 140 pages, illustrée de 18 dessins par Beyle. Prix.................................. 2 fr. 60

Une Fille de Théâtre.

Une brochure in-4° à 2 colonnes de 272 pages, ornée de 34 dessins par Beyle. Prix.. 3 fr. 25

La Succession Boudard, par Louis de VALLIÈRES.

Une brochure de 96 pages, illustrée de 11 dessins par Beyle.... 1 fr, 25

Les Damnés de Paris, par Constant GUÉROULT.

Une brochure de 264 pages, illustrée de 30 dessins par Fischer. 3 fr. 50

LES DRAMES CRIMINELS

COLLECTION DE PROCÈS CÉLÈBRES.

L'Affaire Marcellange, par Constant GUÉROULT ; une brochure de 152 pages, illustrée de 19 dessins par Beyle, gravés sur bois par Lesestre père .... 2 fr.

Les Patriotes de 1816. Conspiration de Didier, à Grenoble ; la Ponterie-Escot.— Procès du Polonais.—Le Crime de la forêt de Fontainebleau.—Une brochure de 80 pages, illustrée de 12 dessins par Maradan et Sadoux, gravés sur bois par Lesestre père.............. 1 fr. 10

Un Amour Criminel. La Femme sans nom. — Le Drame de l'hôtel Saint-Phar.— Une brochure de 72 pages, illustrée de 9 dessins par Maradan, gravés sur bois par Lesestre père.................... 1 fr.

Un Assassinat mystérieux. Une belle brochure de 80 pages. Prix. 1 fr. 15

Cette histoire, qui se passa en Allemagne après l'écrasement de l'insurrection allemande, a tout l'attrait du roman le plus mouvementé, tout en étant d'une grande vérité historique. BERTALL, l'artiste par excellence, a dessiné pour cet ouvrage 11 dessins qui en reproduisent les principales scènes. Ces dessins ont été gravés par Lesestre père.

Le Secret de la Chanteuse. Une belle brochure de 122 pages, illustrée de 19 dessins par Mès. Prix........................... 1 fr. 60

Nous avons réuni au *Secret de la Chanteuse*, fait criminel qui s'est passé à la fin du siècle dernier, l'histoire émouvante et dramatique des *Deux Nurembergeois, le Ministre wurtembergeois Susz*, et *Une Rencontre extraordinaire.*

L'Affaire Maubreuil. Complot ayant pour but d'assassiner Napoléon Ier et d'enlever le roi de Rome. Pillage des bagages de la reine de Westphalie, suivi du *Procès Schumacher,* tentative d'assassinat d'un frère sur sa sœur ; 2e édition.. 75 c.

Cette affaire, qui s'est passée au moment de l'entrée des alliés à Paris (1814), est un point des plus curieux de l'invasion ; jusqu'à ce jour la lumière n'avait pu être faite sur cet étrange événement, l'auteur du complot ayant le plus grand intérêt à empêcher la vérité de se faire jour. Deux éditions vendues en quelques jours en disent plus qu'une longue dissertation.

La Vengeance du Mendiant. Une belle brochure de 40 pages, par sir Paul ROBERT, illustrée de six dessins par Mès, gravés par Lesestre père.. 60 c.

Ce sombre drame, auquel se trouve mêlé un des plus grands noms de la cour des Bourbons, est écrit avec cette vigueur de style qui n'appartient qu'à l'auteur des *Nuits du Palais-Royal.*

Les Anabaptistes, épisode des guerres religieuses en Allemagne, une brochure de 40 pages illustrées de 5 dessins par Maradon........ 50 c.

Clichy. — Impr. M. Loignon, Paul Dupont et Cie, rue du Bac-d'Asnières, 12.

PARIS. — IMPR. PAUL DUPONT
Rue Jean-Jacques Rousseau, 41 (Hôtel des Fermes).

www.ingramcontent.com/pod-product-compliance
Ingram Content Group UK Ltd.
Pitfield, Milton Keynes, MK11 3LW, UK
UKHW020136220726
13923UKWH00001B/207

9 782019